T0197287

Psychologie für Studium und Beruf

Diese Buchreihe zu den Grundlagen- und Anwendungsfächern der Psychologie wird herausgegeben in Kooperation zwischen dem Onlinestudium des Fachbereiches Onlineplus an der Hochschule Fresenius und dem Springer-Verlag. Alle Titel dieser Reihe wurden zunächst als Studienbriefe für die Fernlehre konzipiert und dann von den Autorinnen und Autoren für die Veröffentlichung in Buchform umgearbeitet. Dabei wurde die handliche, modulare Einteilung der Themen über die einzelnen Bände beibehalten – Leserinnen und Leser können so ihr Buchregal sehr gezielt um die Themen ergänzen, die sie interessieren. Dabei wurde größter Wert auf die didaktische und inhaltliche Qualität gelegt sowie auf eine äußerst unterhaltsame und alltagsnahe Vermittlung der Inhalte. Die Titel der Reihe richten sich an Studierende, die eine praxisnahe, verständliche Alternative zu den klassischen Lehrbüchern suchen, an Praktikerinnen und Praktiker aller Branchen, die im Arbeitsleben von psychologischem Know-how profitieren möchten, sowie an alle, die sich für die vielfältige Welt der Psychologie interessieren.

Weitere Bände in der Reihe ▶ https://link.springer.com/bookseries/16425

Vjenka Garms-Homolová

Sozialpsychologie der Zuneigung, Aufopferung und Gewalt

Über Liebe, prosoziales Verhalten, Aggression und Hass

 Springer

Vjenka Garms-Homolová
Berlin, Deutschland

Teile des Werkes sind vorab publiziert worden in: Garms-Homolová, V. (2017): Zwischen Zuneigung, Aufopferung und Gewalt. Zwischenmenschlicher Umgang durch die Brille der Sozialpsychologie. Studienbrief der Hochschule Fresenius online plus GmbH. Idstein: Hochschule Fresenius online plus GmbH. Mit freundlicher Genehmigung von © Hochschule Fresenius online plus GmbH.

ISSN 2662-4826   ISSN 2662-4834 (electronic)
Psychologie für Studium und Beruf
ISBN 978-3-662-64354-9   ISBN 978-3-662-64355-6   (eBook)
https://doi.org/10.1007/978-3-662-64355-6

Die Deutsche Nationalbibliothek verzeichnet diese Publikation in der Deutschen Nationalbibliografie; detaillierte bibliografische Daten sind im Internet über ► http://dnb.d-nb.de abrufbar.

Planung/Lektorat: Joachim Coch, Johanna D'Alessandro
Springer ist ein Imprint der eingetragenen Gesellschaft Springer-Verlag GmbH, DE und ist ein Teil von Springer Nature.
Die Anschrift der Gesellschaft ist: Heidelberger Platz 3, 14197 Berlin, Germany

Vorwort

Nur wenige Mitglieder unserer Gesellschaft leben völlig isoliert. Die meisten Menschen interagieren täglich mit irgendwelchen Personen und gehören absichtlich oder unabsichtlich verschiedenen Beziehungskonstellationen an. Diese können die Quelle von Wohlbefinden und Glücksgefühlen sein oder aber eine Abneigung, Ablehnung, ja sogar aggressive Empfindungen provozieren, die sich als Gewalt entladen.

Dieses Lehrbuch schlägt einen Bogen von den positiven und glücksbringenden Beziehungen bis zu den negativen, ja sogar zerstörerischen Formen des zwischenmenschlichen Umgangs, nämlich zum Hass und hasskriminellen Taten. Die positiven Beziehungen – einerseits gegenseitige Anziehung zwischen Personen, enge Bindungen oder Liebe, andererseits die Selbstlosigkeit und Hilfsbereitschaft – werden in den ersten zwei Kapiteln thematisiert. Im Kapitel eins fragen wir, wieso nahe Beziehungen geschlossen und wie feste zwischenmenschliche Bindungen eingegangen werden. Wie entwickelt sich eine gegenseitige Anziehung, ja sogar Liebe? Wie sieht der Prozess der Partnerschaftsbildung aus?

Das zweite Kapitel befasst sich mit dem prosozialen Verhalten: mit der Selbstlosigkeit und Hilfsbereitschaft. Hier wird analysiert, wie und wann sich Menschen für Hilfeleistung entscheiden. Spielen eher situative Faktoren, zum Beispiel die Sichtbarkeit des Hilfebedarfs, eine Rolle? Oder kommt es auf persönliche Fähigkeiten der potenziell Helfenden an? Dargestellt wird der Beitrag von Austausch-Theorien und der Befund der sozialpsychologischen Forschung, dass eine Hilfeleistung und Selbstlosigkeit im Grunde auf dem Kosten-Nutzen-Denken beruhen. Das helfende Individuum erwartet einen Ertrag und sei es nur in der Form der gesellschaftlichen Anerkennung und Akzeptanz von seinem sozialen Umfeld!

Die Kapitel drei und vier behandeln negative, ja sogar kriminelle Seiten des zwischenmenschlichen Umgangs. Wir beginnen mit aggressiven Einstellungen, und setzen mit dem aggressiven Verhalten fort. Untersucht werden unterschiedliche Arten von Gewalt, auch die Gewaltausübung gegen nahestehenden Personen – beispielsweise innerhalb von Familien.

Gemeinsam ist den positiven, wie negativen Beziehungskonstellationen, dass sie auf ein Konglomerat von Ursachen zurückzuführen sind, zu dem psychologische, gesellschaftliche, genetische und neurophysiologische Faktoren gehören. Aus sozialpsychologischer Perspektive haben soziale Normen, das soziale Lernen und die frühkindliche Bindung eine ursächliche Funktion. Reaktionen auf externe Einflüsse sind beim Entstehen des extrem destruktiven sozialen Phänomens ‚Hass‘ relevant. Hass ist komplexer als eine Emotion. Er ist eine affektiv-emotionale Reaktion, die auftritt, wenn eine Person eine bestimmte Reizkonstellation (z. B. Provokation, Frustration) als persönliche Bedrohung wahrnimmt. An der Herausbildung dieser Reaktion Hass sind die Kognitionen, Wahrnehmungen eigener Reaktionen und destruktive Handlungsimpulses beteiligt.

Während die in den Kapiteln eins bis drei diskutierten sozialpsychologischen Phänomene auf Interaktion und Beziehung basieren, müssen Hassende keine konkreten Personen kennen, um sie zu hassen. Hass geht vielmehr von einer Gruppe (einem Kollektiv) hassender Menschen aus und richtet sich ebenso gegen eine Gruppe (einem Kollektiv) gehasster Menschen, zu der die Hassenden höchstens eine imaginäre Verbindung haben.

Im Zusammenhang mit Hass untersuchen wir den Einfluss sozialer Medien. Sie repräsentieren das ultimative Instrument der Distribution von Hass und Hassreden. Die Forschung zu diesem neuen Bereich der Sozialpsychologie befindet sich noch in der Entwicklung und ist entsprechend lückenhaft.

Ebenso hat die sozialpsychologische Erforschung der digitalen Partnerschaften und Liebe im Netz einen beträchtlichen Nachholbedarf. In diesem Lehrbuch wollen wir zeigen, welche Kenntnisse bereits gesichert sind und zu welchen Fragestellungen Beiträge künftiger Psychologen, die dieses Lehrbuch lesen, dringend benötigt werden.

Vjenka Garms-Homolová

Ihr Bonus als Käufer dieses Buches

Als Käufer dieses Buches können Sie kostenlos unsere Flashcard-App „SN Flashcards" mit Fragen zur Wissensüberprüfung und zum Lernen von Buchinhalten nutzen. Für die Nutzung folgen Sie bitte den folgenden Anweisungen:

1. Gehen Sie auf **https://flashcards.springernature.com/login**
2. Erstellen Sie ein Benutzerkonto, indem Sie Ihre Mailadresse angeben, ein Passwort vergeben und den Coupon-Code einfügen.

Ihr persönlicher „SN Flashcards"-App Code   032D6-34209-14533-6CAB2-34C04

Sollte der Code fehlen oder nicht funktionieren, senden Sie uns bitte eine E-Mail mit dem Betreff **„SN Flashcards"** und dem Buchtitel an **customerservice@ springernature.com.**

Inhaltsverzeichnis

Über die Autorin

 **Dr. Vjenka Garms-Homolová,** Diplompsychologin, ist emeritierte Professorin für Gesundheitsmanagement an der Alice Salomon Hochschule und Honorarprofessorin für Theorie und Praxis der Versorgungsforschung an der Technischen Universität Berlin. Sie ist Autorin und Ko-Autorin von gut 280 wissenschaftlichen und populären Publikationen. Als interRAI-Fellow kooperiert sie mit einem weltweiten Netzwerk von Forscherinnen und Forschern an der Entwicklung und Implementation standardisierter Assessments für verschiedene Versorgungssettings (interrai.org).

Attraktion, Zuneigung und Liebe

Inhaltsverzeichnis

© Springer-Verlag GmbH Deutschland, ein Teil von Springer Nature 2022
V. Garms-Homolová, *Sozialpsychologie der Zuneigung, Aufopferung und Gewalt*,
Psychologie für Studium und Beruf, https://doi.org/10.1007/978-3-662-64355-6_1

1

Die Ausführungen in diesem Kapitel basieren teilweise auf dem überarbeiteten Studienbrief von Garms-Homolová, V. (2017): Zwischen Zuneigung, Aufopferung und Gewalt. Zwischenmenschlicher Umgang durch die Brille der Sozialpsychologie. Studienbrief der Hochschule Fresenius online plus GmbH. Idstein: Hochschule Fresenius online plus GmbH.

Einführung

In diesem Kapitel wird untersucht, wie Sympathien zwischen Menschen entstehen, warum sich Leute so attraktiv finden, dass sie sich mögen oder auch zu lieben beginnen. Seit langem versuchen Sozialpsychologinnen und Sozialpsychologen diese Fragen zu erklären. Wir stellen hier die klassischen Erklärungsmodelle und Experimente vor. Dabei untersuchen wir soziale, kontextuale und physiologische Faktoren, die bewirken, dass sich Menschen gegenseitig attraktiv und liebenswert finden. Eine Theorie besagt, dass dabei die Ähnlichkeit von Einstellungen eine besondere Rolle spielt. Die nächste erklärt die Attraktivität und Sympathie mit Eigenschaften interagierender Personen, so wie man es auch im Alltagsleben üblicherweise tut. Die dritte Theorie fokussiert auf das Nutzen, das Partnerschaften oder Freundschaften den beteiligten Menschen einbringen. Die vierte Theorie ist die Bindungstheorie. Sie besagt, dass die frühkindliche Bindung zu Eltern oder anderen Bezugspersonen darüber entscheidet, wie sich die Freundschafts- und Liebesfähigkeit jedes Individuums im Verlauf seines Lebens entwickeln wird.

Im weiteren Teil dieses Kapitels konzentrieren wir uns auf Liebesbeziehungen. Sind die sozialpsychologischen Theorien und Paradigmen überhaupt geeignet, Liebe, Romantik und sexuelle Anziehung zu erklären? Sind sie geeignet, die Anbahnung und Pflege intimer Verhältnisse im Internet, nicht nur in der realen Welt, verständlich zu machen? Denn das Internet, das heißt die digitale Kommunikation und Interaktion, erhalten immer mehr Bedeutung für intime Freundschaften und Liebesbeziehungen.

Nach eingehender Lektüre dieses Kapitels können Sie …

- die Modelle präsentieren, mit denen die Sozialpsychologie erläutert, warum Menschen manche ihrer Mitmenschen anziehend und attraktiv finden,
- verstehen, welche Bedeutung die Ähnlichkeit von Einstellungen und Eigenschaften für die gegenseitige Attraktion hat,
- die Prozesselemente darstellen, die von den Austausch-Theorien in den Mittelpunkt der Erläuterung der sozialen Attraktion stellen,
- erklären, welche Bedeutung die frühkindliche Bindung zur Mutter und zu signifikanten Bezugspersonen für die Herausbildung der Bindungsstile hat,
- verstehen, warum sich Menschen besser darstellen wollen, als sie in der Realität sind,
- beschreiben, ob und ggf. wie digitale Medien und deren Dienste die Partnerschafts- und Liebensbeziehungen verändert haben.

1.1 · Wie kommt es, dass sich Menschen mögen? Bedeutung …

3

1

1.1 Wie kommt es, dass sich Menschen mögen? Bedeutung der Ähnlichkeit von Einstellungen

Wie kommt es, dass sich zwei Menschen mögen und sich zueinander hingezogen fühlen? Traditionell gab es dafür in der Sozialpsychologie zwei Erklärungen. Eine besagte, dass die gegenseitige Attraktivität von den **Eigenschaften der Personen** abhängig ist. Die andere Erklärung basierte auf dem **Nutzen und Belohnungen**, die eine Person von ihrer Interaktion mit der Partnerin oder dem Partner erwartet. Wo von *Nutzen* gesprochen wird, geht es auch um *Kosten,* welche eine Interaktion in Partnerschaften und Gruppen verursacht.

Über die Bedeutung von *Eigenschaften und Einstellungen* gibt es Annahmen, die besagen, dass Menschen, die sich in irgendeiner Weise ähneln, sich gegenseitig auch attraktiv finden. Diese an sich banal klingende Theorie ist alt, sie wurde bereits Anfang der 1960er-Jahre von dem Sozialpsychologen T.M. Newcomb (1953) formuliert. Er nahm an, dass die zwischenmenschliche Attraktion auf gemeinsamen **Einstellungen** beruht, die sich entwickeln, sobald sich Menschen in einer gemeinsamen Umwelt und/oder Situation befinden.

Jedes Individuum hat positive und negative Einstellungen gegenüber anderen Menschen. Treffen zwei oder mehrere Individuen aufeinander, deren Einstellungen sich ähneln, so entsteht ein **Gleichgewicht** *(Balance-Zustand).* Die Personen mit ähnlichen Einstellungen entwickeln meist gegenseitige Sympathien: Sie mögen sich. Wenn sich jedoch die Einstellungen der beteiligten Personen unterscheiden, entsteht eine **Spannung** beziehungsweise ein Zustand von **Imbalance.** Dieser Zustand kann ausbalanciert (also ausgeglichen) werden, wenn sich die Einstellung der Partnerschafts- oder Gruppenmitglieder *verändert* und sich einander annähert. Eine Person passt sich der anderen Person an. Oder sie kann (mehr oder weniger aufwendig) überzeugt werden, ihre Einstellungen zu verändern und so zum Ausbalancieren beizutragen. Wenn das nicht geht, entstehen keine Attraktion und Sympathie und eine schon bestehende Attraktivität schwächt sich ab.

Diese Theorie wird **Newcombs ABX-Theorie der Attraktivität** genannt (Secord & Backman, 1995, 252). Man kann sie folgendermaßen erläutern: Fremde Menschen treffen in einer Gruppe oder einer Dyade (das ist eine Minigruppe, die nur aus zwei Personen besteht) zusammen. Eine Dyade ist ein Paar. In der Sozialpsychologie und Soziologie wird die Dyade als die einfachste Form einer sozialen Beziehung betrachtet. Wenn die Partner in einer Dyade oder Gruppenmitglieder interagieren, können sie herausfinden, ob sie ähnliche Einstellungen gegenüber solchen Objekten, Menschen oder Umständen haben, die für sie beide (oder für alle Mitglieder) *wichtig* sind. Wenn sie feststellen, dass ihre Einstellungen gleich sind, beginnen sie sich zu mögen und sich attraktiv zu finden. Verändert einer der Partner oder eine der Partnerinnen seine bzw. ihre Einstellungen, entsteht ein Ungleichgewicht, das ausgeglichen werden müsste. Gelingt es nicht, wird die Person, deren Einstellungen abweichen, nicht mehr uneingeschränkt attraktiv und liebenswert empfunden, auch dann nicht, wenn sie sich als Person grundsätzlich *nicht verändert* hatte.

Newcomb (1963) testete diese Annahme in sechswöchigen Experimenten mit College-Studierenden, die sich nicht kannten, jedoch im gleichen Studentenheim wohnten. Es ging darum, die Veränderungen in den Attraktivitätsmustern zu do-

1

kumentieren. Die Studierenden, die zu den Mitstudierenden **gleiche Gefühle wie der der eigenen Person empfanden,** mochten sich gegenseitig. Sie nahmen sich als sympathisch und attraktiv wahr. Der Befund, dass beide Parteien (oder alle Mitglieder in einer Kleingruppe) die gleichen Einstellungen aufwiesen, galt in Newcombs Experimenten (Newcomb, 1963) sowohl für die **emotionale** Seite als auch für die **kognitive** Seite.

> ▶ **Beispiel**
>
> Katja, Mitglied einer Yoga-Gruppe, findet, dass sich das Programm der Trainerin Paula durch eine hohe Kompetenz auszeichnet. Die gleiche Meinung hat auch Katrin, obwohl die anderen Gruppenmitglieder Paulas Programm nicht so positiv einschätzen, wie Katja es tut. Aber seit Katrin die gleiche Meinung wie Katja hat, sind sie beste Freundinnen geworden, völlig unzertrennlich. Katja findet Katrin sehr sympathisch, klug und interessant, ihre Kleidung attraktiv und ihren Lebensstil nachahmenswert. ◀

Allerdings konnten spätere Untersuchungen Newcombs Befunde nicht vollständig bestätigen. Im Kern scheint Newcombs Theorie jedoch zu stimmen. Sie zeigt, dass **in Gruppen (oder auch Dyaden) eine Art Ausgleichsdruck** entsteht, damit der **Balance-Zustand hergestellt** werden kann, auch dann, wenn dieser Zustand zwischenzeitlich verloren gegangen war. Unter dem ausgleichenden Gruppendruck tendieren Menschen dazu, ihre Einstellungen zu verändern. Sie *passen sich den Einstellungen* jener Gruppenmitglieder an, die bei der Mehrheit der Gruppe als die *sympathischen und attraktiven Mitglieder* gelten. Diese Anpassung wird von dem Bestreben begleitet, zu zeigen, dass man mit den weniger sympathischen bzw. unsympathischen Gruppenmitgliedern nichts zu tun hat. Man bemüht sich um eine maximale Annäherung an die Attraktiven und Sympathischen und entwickelt eine maximale Distanz zu den unattraktiven Personen.

Experimente zeigten jedoch, dass diese Aussagen ihre Gültigkeit verloren, sobald man Leute zusammenbrachte, die sich **von vornherein feindschaftlich** gegenüberstanden, ohne sich gegenseitig zu kennen (Aronson & Cope, 1968). Deshalb gilt diese Theorie uneingeschränkt nur für *neue Beziehungen* der sich zunächst **neutral** gegenüberstehenden Personen.

Verschiedene Sozialpsychologinnen und Sozialpsychologen befassten sich mit dem Verlauf des Interaktionsprozesses zwischen Gruppenmitgliedern für die Herausbildung ihrer gegenseitigen **Attraktivität.** Sie stellten fest, dass eine Person einen anderen Menschen attraktiv und sympathisch findet, sobald sie erfährt, dass sich dieser Mensch so verhält, wie sie selbst.

> ▶ **Beispiel**
>
> Wenn sich Max für das Autorennen interessiert und keinen anderen Rennfahrer als Lewis Hamilton schätzt, so sieht er sich von Peter bestätigt. Der ist auch ein absoluter Fan von Autorennen und schätzt Hamiltons Bewertungen von Reifen und Marken. Im Prinzip ist das gesamte Selbstkonzept von Max als von Kenner des Autorennens durch Peter bestätigt. Dieses Selbstkonzept wird sozusagen durch Peter validiert (Doherty & Secord, 1971). So etwas kommt naturgemäß nur dann vor, wenn die Peters Bewertungen positiv sind. ◀

1.2 Soziale Austausch-Theorien und Nutzen-Kosten der Attraktion

Die **Austausch-Theorien** (Thibaut & Kelley, 1959) der sozialen Attraktion erklären die Entstehung, Haltbarkeit und Veränderung von Beziehungen (Secord & Backmann, 1995), also die **Prozesselemente** einer Beziehung. Die Aufmerksamkeit richtet sich auf das **Nutzen,** dass eine Person aus ihrer Beziehung zu einer anderen Person (oder anderen Personen) zieht. Was **nützt** ihr der Umgang mit diesen Menschen, was ist ihr **Gewinn**? Zugleich geht es auch um Kosten. Was verliert diese Person, wenn sie ihre Attraktivität für andere verliert und wenn sie beispielsweise für ihre Gruppe nicht mehr interessant ist? Wodurch wird sie **sanktioniert (bestraft),** durch Vereinsamung, Verachtung oder Ausschluss aus der Gruppe?

Die interpersonelle **Attraktion** ist die **höchste Belohnung in der sozialen Interaktion.** Nach Vorstellungen der Wissenschaftler John Thibaut & Harold Kelley (1959) zeigen Belohnungen und negative Sanktionen allerdings nur dann eine Wirkung, wenn sie mit den *Erwartungen und Intentionen* der interagierenden Personen verbunden sind. Eine determinierende Bedeutung haben dabei die vorherrschenden sozialen Normen. So wird beispielsweise eine milde, aber ungerechte Sanktion härter empfunden als eine harte, aber gerechte Sanktion. Der Grund: die Ungerechtigkeit der Sanktion verstößt gegen die herrschende soziale Norm.

In den sozialen Austausch-Theorien wird mit Begriffen gearbeitet, die man normalerweise aus der *Ökonomie* kennt. Aber die Bedeutung dieser Begriffe ist in den Austausch-Theorien geringfügig abgewandelt:

Nutzen und Ertrag (Gain) sind im Prinzip gleichzusetzen mit der Belohnung und sie bedeuten die Befriedigung eigener und/oder fremder Bedürfnisse.

> ▶ **Beispiel 1 (Gain)**

Frau A. verbrachte ihr Leben mit aufopfernder Sorge um ihre Familie. Sie war nie berufstätig. Ihre Kinder sind erwachsen und von zu Hause ausgezogen. Nun begann ihre Ehe zu zerbrechen: Herr A suchte sich eine Neue! Mittlerweile wohnt er mit ihr in P. Frau A war zunächst am Boden zerstört. Nun aber fing Herr A. an, seine schmutzige Wäsche nach Hause (zu Frau A.) zu bringen. Nun wäscht Frau A. die schmutzige Wäsche, während ihr Mann bei der Freundin wohnt. Aber Frau A. ist nun glücklich und überzeugt, dass ihre Ehe eigentlich gut funktioniert. ◄

Belohnung (Reward) erlangt man zum Beispiel durch die Bestätigung eigener Einstellungen oder des eigenen Selbstbildes.

> ▶ **Beispiel 2 (Reward)**

Karl, der sich von seiner Männerclique nie so richtig angenommen fühlte, erntet neuerdings viel Bewunderung und Zuwendung in seinem Freundeskreis. Neuerdings – das bedeutet, seit er mit Miki liiert ist. Miki ist eine Wucht und aufsteigendes Sternchen am Influencer-Himmel in der Stadt. Ihr Thema ist Vintage aller Art: Klamotten, Schuhe, Möbel. Miki ist gut 15 Jahre jünger als Karl, sieht unbeschreiblich gut aus und

1

verdient schon große Summen. Alles das passt gut zum Karl, der ein Angeber ist. Bisher konnte er jedoch damit bei seinen Freunden nicht richtig ankommen. Aber jetzt! ◄

Aufwand (Input) und Kosten (Costs): Hier geht es nicht nur um die emotionale oder materielle Investition und auch nicht nur um die Mühe, die man in die Interaktion (mit dem Partner/Partnerin) investiert hat, sondern *auch um die* Aktivitäten, auf die man wegen dieser Interaktion *verzichten musste* (Homans, 1961).

> ► **Beispiel 3 (Input und Costs)**

Ein Mann bringt in die Partnerschaft eine wunderschöne Eigentumswohnung ein. Darüber hinaus hört er auf, Fußball zu spielen, weil seine Partnerin den Fußball und alles, was damit verbunden ist (Treffen mit den Fans, Fahrten zu Auswärtsspielen) überhaupt nicht mag. Er investiert viel, sowohl materiell als auch immateriell. ◄

Ergebnis (Outcome): Differenz aus Ertrag und Aufwand. Verschiedene Studien bestätigen die Richtigkeit von Alltagsbeobachtungen, nach denen manche Personen mehr am *Ertrag,* manche jedoch mehr am *Aufwand* interessiert sind.

> ► **Beispiel 4 (Outcome)**

Für eine Frau kann ihr Partner beispielsweise deshalb attraktiv sein, weil er sich von ihr umsorgen lässt. Es mag paradox klingen, doch stellt für die Frau der Aufwand, den sie für ihren Partner auf sich nimmt (Kochen, Waschen, Umsorgen, ihm alle Verpflichtungen abnehmen, keine persönlichen Ansprüche stellen usw.) die oberste Bedürfnisbefriedigung dar. Das ist das Outcome der Frau Der Partner kann aber völlig andere Bedürfnisse haben. Vielleicht wünscht er sich vor allem einen Sohn. Das wäre sein Ertrag. Er findet seine Frau nur deshalb attraktiv, weil er damit rechnet, dass sie ihm ein Kind, möglichst einen Sohn, schenkt. Der Sohn repräsentiert für den Mann das Outcome der Beziehung. ◄

Vergleichsniveau (Comparison Level): Eine Attraktion entsteht, wenn der Ertrag mindestens ein wenig **über dem Erwartungsniveau** liegt. Es ist eine Art Mehrwert, der sogar sehr klein sein kann. Die Vergleichsniveaus sind von Person zu Person unterschiedlich (Upshaw, 1967). Zudem sind sie vom jeweiligen Kontext abhängig. Das Erwartungsniveau resultiert einerseits aus Erfahrungen, welche die Person, um die es konkret geht, in ihren früheren Beziehungen gemacht hat. Andererseits orientiert es sich an der Wahrnehmung von Beziehungen, die andere Personen unterhalten, und schließlich basiert es auf der Einschätzung der Kosten und des Nutzens ihrer gegenwärtigen Beziehung.

> ► **Beispiel 5 (Comparison Level)**

Die Frau, die ihren Mann umsorgen will, hat ein Erwartungsniveau, das durch das Umsorgen bestimmt ist. Sie schätzt durchaus auch den Nutzen dieser Beziehung für sich als gut ein. Sie weiß, dass sie nicht besonders gut aussieht, zumindest nicht im Vergleich zu ihren Bekannten. Sie denkt sich deshalb, dass es nichts schadet, wenn der

Mann von ihr abhängig wird. Da er bequem ist, wird er auf ihre Sorge nicht verzichten, d. h. sie verlassen wollen. Der Partner sieht den Ertrag darin, dass die Beziehung Kinder, konkret einen Sohn, hervorbringen kann. Gemessen an seinen früheren Erfahrungen mit Frauen, die weit weltoffener waren und besser aussahen als seine jetzige, ist das ein realistisches und gar nicht so niedriges Erwartungsniveau. Denn die früheren Partnerinnen wollten gar keine Kinder. ◄

1.2.1 Ähnlichkeit oder Verschiedenartigkeit in den Austausch-Theorien

„Gleich und Gleich gesellt sich gern" sagt das Volksmund. Die im ► Abschn. 1.1 beschriebene Ähnlichkeit zwischen Einstellungen der Partnerinnen und Partnern oder Mitgliedern einer Gruppe spielt nämlich auch in den Austausch-Theorien eine wichtige Rolle für die Erklärung der Attraktivität. Man sagt, dass die Ähnlichkeit zum höheren Nutzen beiträgt, ohne jedoch hohe Kosten zu verursachen. So wirkt es sich positiv aus, wenn sich beide Personen einer Partnerschaft in mindestens einem demografischen Merkmal ähneln, z. B. wenn sie einen ähnlichen sozialen Hintergrund (Bildungsniveau, Status) haben oder wenn sie ähnliche Eigenschaften, Einstellungen oder Fähigkeiten aufweisen und sich an gemeinsamen Werten orientieren (Lazarsfeld & Merton, 1954). Das wurde in vielen Experimenten bestätigt.

„Gegensätze ziehen sich an!" Es zeigte sich nämlich ebenso, dass die Verschiedenartigkeit sowie komplementäre Eigenschaften oder Fähigkeiten die Attraktivität der Mitglieder einer Partnerschaft unterstützen können. Gegensätze stimulieren die Interaktion und steigern deshalb den interaktionalen Nutzen der Interaktion bei vergleichsweise geringen Kosten. Überhaupt gilt: Je mehr Gelegenheit zur Interaktion, desto kleiner sind die Interaktionskosten.

Untersucht man die Faktoren Ähnlichkeit und Verschiedenartigkeit bei der Anbahnung (und Auflösung) von Liebesbeziehungen, so wird offenbar, dass es nicht nur um Einstellungen auf der einen und Merkmale des sozialen Status (z. B. Bildung, Schichtzugehörigkeit) gehen kann. Auch die kognitiven Strukturen, Verhalten bei der Lösung von Problemen, Extraversion, soziale Intelligenz und weitere Faktoren müssen in Betracht gezogen werden.

Zudem wird davor gewarnt, genetische und evolutionsbiologische Aspekte unbeachtet zu lassen. Möglicherweise sind sie dafür verantwortlich, dass die sozialpsychologischen Modelle nicht immer funktionieren, wie wir es bei Newcomb (1953, 1963) sowie Lazarsfeld und Merton (1954) gelernt haben. Obwohl die Merkmalsähnlichkeit aus sozialpsychologischer Sicht die Attraktivität erhöht und deshalb eine wichtige Dimension Paarannäherung ist, fördert sie diese aus biologischer Perspektive nicht. Die Biologische Betrachtungsweise fokussiert unter anderem auf die genetische Ähnlichkeit, die aber für die Paarbildung eher ungünstig wäre, falls die Paare Kinder haben wollen. Denn eine größere genetische Ähnlichkeit würde mit ‚Fitnesseinbußen' verbunden sein: Nachkommen genetisch ähnlicher Eltern scheinen gegenüber den Nachkommen genetisch unähnlicher Eltern körperliche und geistige Nachteile zu haben (Joshi et. al., 2015).

1

1.2.2 Fair und attraktiv

Die Attraktivität der Partnerschaftsmitglieder (oder Gruppenmitglieder) ist auch von deren **Fairness** abhängig: Das Besagt die **Gerechtigkeitstheorie** (auch **Equity Theory**) oder einfach **Fairness-Theorie** (Walster et al., 1973). Sie ist eine Weiterführung der Austausch-Theorien. Beide Partner sollen ungefähr das Gleiche in die Partnerschaft einbringen **(Input-Fairness)** und jeweils den gleichen Ertrag **erwarten (Output-Fairness)**. Diese Regeln entsprechen der sozialen Norm. Die Fairness-Theorie ist von Behaviorismus beeinflusst. Die Zuneigung, Treue und Unterstützung sind *Belohnungen,* die sich die Partner/Partnerinnen oder Freunde gegenseitig entgegenbringen. Je stärker die Belohnung, desto mehr wird die *Zusammengehörigkeit verstärkt* (Reinforcement).

Das absolute Niveau der Belohnungen in einer Beziehung soll als ein zuverlässiger Prädiktor der Zufriedenheit mit der Beziehung gelten (Karremans & Finkenauer, 2014). Allerdings gibt es keine eindeutigen empirischen Beweise für dieses Postulat. Auch wenn die Belohnungen, die ein Partner empfängt, höher sind als seine Aufwendungen, muss die Beziehung nicht notwendigerweise zufrieden und stabil sein (Karremans & Finkenauer, 2014, S. 422 ff.).

Das Vergleichsniveau für Alternativen ist eine wichtige Komponente der Fairness-Theorie. Eine Partnerin/ein Partner ist mit ihrer/seiner Liebesbeziehung zufrieden, wenn sie/er das Maß der emotionalen und eventuell auch materiellen Belohnungen erfährt, die sie/er erwartet (Kelley & Thibaut, 1978). Wenn diese Person darüber hinaus überzeugt ist, dass der neue Partner oder die neue Partnerin ihr/ihm nicht die gleichen Belohnungen und Befriedigungen bieten kann (Vergleichsniveau), bleibt sie bei der bisherigen Beziehung. Diese Konstellation ist eine gute Voraussetzung für die Beziehungsstabilität. Trotz dieser Situation kann jedoch einer von beiden Mitgliedern dieser Partnerschaft plötzlich die Liebe ihres/seines Lebens finden. Es geht vielleicht um eine neue Person, mehr verspricht, als der Partner/die Partnerin in der existierenden Beziehung schon hat. Der Vergleich fällt zugunsten der neuen Person aus.

▶ **Beispiel**

Ein fünfundfünfzigjähriger Professor, der seit 25 Jahren eine zufriedene und stabile Ehe führt, stellt fest, dass er von einer attraktiven jungen Studentin auf dem Campus angeschwärmt wird. Sie ist so aufregend, gutaussehend, unkonventionell und unbefangen! Das ist mehr, als er von seiner fünfzigjährigen Ehefrau, Mutter seiner heranwachsenden Kinder, zu erwarten hat. Zugegebener Maßen bietet ihm diese Ehefrau viel Zuneigung, Freiheit, Verständnis und Unterstützung: aber ,er kennt sie schon auswendig'. Das Vergleichsniveau entscheidet zugunsten der Studentin.

So muss es freilich nicht enden. Der Professor beginnt zwar die neue Beziehung. Aber ihm wird schnell klar, dass die Kosten, die er zu zahlen hat, die Belohnungen übersteigen. Erst einmal hat er tatsächlich hohe Kosten. Er wohnte mit seiner Frau in einem schönen Haus, das übrigens ihr gehört, weil sie es geerbt hat. Nun muss er eine Wohnung suchen. Denn die WG seiner Studentin würde ihn nicht aufnehmen. Sie aber bleibt in der WG wohnen, was ihn rasend eifersüchtig macht. Er zahlt also auch emotionale

Kosten und verliert langsam seine emotionale Stabilität. Ein Teil seiner Identität war mit seiner bisherigen Frau und mit seiner Familie verbunden. Deshalb kehr er nach einer kurzen Episode mit der Studentin doch lieber dorthin zurück. ◄

1.2.3 Anbahnung und Fortbestand der Beziehungen nach den Austausch-Theorien

Eine Freundschaft oder eine Liebesbeziehung beginnen damit, dass sich potenziellen Freunde/Freundinnen (Partner) gegenseitig erkunden, indem sie interagieren. Im Prozess der erkundenden Interaktion schätzt jedes Gruppen- oder Partnerschafts-Mitglied seine Chancen hinsichtlich des möglichen Interaktionsergebnisses ein. Der Beginn der freundschaftlichen oder Liebesbeziehung ist vom guten Interaktionergebnis abhängig. Gruppenmitglieder, die voneinander – also gegenseitig – ein gutes Interaktionsergebnis erwarten, werden mit großer Wahrscheinlichkeit eine Freundschaft schließen.

Nach dieser Erkundungsphase beginnt die Phase des Verhandelns. In der Dyade oder zwischen Gruppenmitglieder ‚entlockt' man der potenziellen Partnerin oder dem potenziellen Partner die Informationssignale, die anzeigen, wie weit man von ihr/ihm irgendein ‚Nutzen' erwarten kann. Die Antwort wird dann eher positiv sein, wenn man sich selbst belohnend (z. B. zuwendend) verhält.

In dieser Erkundungsphase gehen beide Seiten bereits ein gewisses Maß gegenseitiger Verpflichtung ein. Gleichzeitig reduziert sich die Verpflichtung gegenüber anderen Gruppenmitgliedern. In einer intensiven Beziehung, wenn man sich verliebt, ist die Verpflichtung und gleichzeitig auch die Reduktion der Verpflichtung gegenüber Dritten besonders stark. Somit bekommt die Beziehung einen Ausschließlichkeitscharakter. Dabei entscheiden soziale Normen, welche Bedingungen für die Partnerschaft gelten sollen. Zu den Bedingungen kann beispielsweise ein niedriges Vergleichs-niveau für Emotionen gehören, die oft die Frauen verspüren, die von früheren Partnern betrogen wurden oder unmittelbar nach einer konfliktreichen Scheidung stehen. Da sind sie oft mit schwachen Liebesversprechen zufrieden. In anderen Fällen setzt eine allmähliche Reduktion des Erwartungsniveaus gegenüber dem anderen Partner ein, wenn die Beziehung bereits auseinander zu gehen droht. Die Relation „Aufwand-Ertrag" ändert sich häufig im Verlauf von Beziehungen, egal ob es um Gruppen, Freundschaften oder Partnerschaften geht.

Das Fortbestehen einer Beziehung ist durch das Vergleichsniveau determiniert. Solange eine existierende Partnerschaft Ergebnisse hervorbringt, die über dem Vergleichsniveau alternativer Beziehungsmöglichkeiten liegen, wird sie nicht aufgegeben. Und zwar auch dann nicht, wenn die Ergebnisse unter weit dem Niveau dieser bestehenden Beziehung in ihrer früheren Phase liegen. Es kann sein, dass die sexuellen Bedürfnisse mit der Dauer einer Beziehung verloren gehen, aber dass sich die Partner gegenseitig Geborgenheit oder ökonomische Sicherheit bieten, die weit über den Möglichkeiten der für sie erreichbaren alternativen Beziehungen liegen. Deshalb wird beispielsweise der männliche Partner von der weiblichen Partnerin nicht verlassen, auch wenn er sich gelegentlich andere Sexualpartnerinnen sucht.

1

1.3 Beitrag der Bindungstheorie

Die gut fünfzig Jahre alte Bindungstheorie (Attachment Theory) besagt, dass die frühkindliche Bindung zu Eltern oder anderen Versorgerinnen und Versorgern darüber bestimmt, wie das Individuum in seinen späteren Jahren fähig sein wird, soziale Beziehungen und Bindungen einzugehen und aufrecht zu erhalten (Bowlby, 1982). Kleinkinder suchen beinahe seit ihrer Geburt Schutz und Zuwendung bei ihren Müttern. Hunger, Durst und andere Bedrohungen bringen Kinder zum Schreien, das die primären Bezugspersonen – insbesondere die Mütter – beruhigen können, indem sie die Bedürfnisse des Kindes befriedigen und damit für das Gefühl von Sicherheit sorgen. Die Sicherheit und Geborgenheit ermöglichen dem Kind, zu kommunizieren, interagieren, spielen und seine Umwelt zu untersuchen. Fühlt sich das Kind nicht geborgen, erhält es nicht genug Aufmerksamkeit der primären Bezugsperson oder wird es sogar deutlich abgelehnt, reagiert es mit Angst und Abwehr. Diese Entwicklung im Kleinkindesalter entscheidet darüber, ob auch ein Erwachsener die Fähigkeit besitzt, feste, stabile und intime Beziehungen einzugehen. Auch eine erwachsene Person will sich auf eine Partnerin/ einen Partner verlassen können, sie sucht Geborgenheit und ein höchstes Maß an Zuwendung. Das sind die Voraussetzung dafür, dass sie ihre eigenen Gefühle „in Griff hat", das heißt, dass sie diese kontrollieren und steuern kann.

Kleinkinder besitzen viele Instrumente, um die elterliche Bindung zu ihnen zu stimulieren: Niedlich sein, hilflos erscheinen usw. Mit der Entwicklung im Zeitverlauf entsteht bei den Kindern ein internales Arbeitsmodell der Verantwortung, die sie den Eltern abfordern können. Auf dieser Basis werden drei Determinanten geformt, die später die Fähigkeit des Individuums beeinflussen, mit anderen Personen die Bindung einzugehen (Hazan & Shaver, 1987) (vgl. ◘ Abb. 1.1).

- **Bindungsstile**

Die genannten Determinanten (siehe ◘ Abb. 1.1) prägen das Verhalten, mit dem die Mütter und andere versorgende Bezugspersonen auf die Signale des Kleinkindes reagieren. Dieses Verhalten wurde typisiert (Ainsworth et al., 1979). Es entstanden **Bindungsstile.** Das sind Verhaltensmuster, die relativ stabil sind und eine sehr starke Auswirkung auf das menschliche Wohlbefinden im Verlauf des gesamten Lebens haben:

- Vom **Sicheren Bindungsstil** spricht man bei Personen, die eine Bindungsangst aufweisen, welche sich jedoch leicht abbauen lässt, sobald die Bindungssituation in Ordnung gebracht wird (z. B. die kurzzeitig abwesende Mutter kommt zurück und tröstet das Kind). Im Erwachsenenalter neigen diese Menschen zwar zur Zurückhaltung gegenüber Interaktionsangeboten und Bindungsoptionen. Doch überwiegt bei ihnen schließlich eine emotionale Offenheit gegenüber potenziellen Bindungspersonen, wenn diese auf die Emotionssignale adäquat reagieren. Menschen, die den sicheren Bindungsstil manifestieren, zeigen, dass sie eine Bindung wollen und dass sie wünschen, gemocht zu werden.
- Den **Ängstlich-ambivalenten Bindungsstil** zeigen Personen, die bindungsunsicher sind, und eine Angst vor Bindungen haben, weil sie in der Regel Erfahrungen gemacht haben, dass man nicht uneingeschränkt auf Bindungen

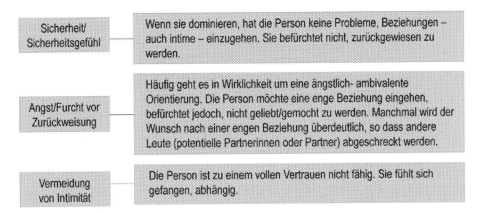

Abb. 1.1 Determinanten der Bindungsfähigkeit. (Eigene Darstellung)

vertrauen kann. Neue Bindungssituationen verursachen bei ihnen Stress. Obwohl sie eine enge, emotional intensive Bindung suchen, fürchten sie zugleich, von potenziellen Partnern/Partnerinnen enttäuscht zu werden.

- Personen, die deren Bindungsstil als der **Gleichgültig-vermeidende Bindungsstil** kategorisiert wird, machen sich eigentlich nicht viel aus der jeweiligen Beziehung. Sie wollen unabhängig bleiben. Entsprechend vermeiden sie zu große Intimität in der Partnerschaft und empfinden keine starke emotionale Abhängigkeit von ihrer Partnerin/ihrem Partner. In Anlehnung an Hazan & Shaver (1987) kann man bei ihnen eine niedrige Angst und hohe Vermeidungstendenz feststellen.
- Der **Ängstlich-vermeidende Bindungsstil** zeichnet sich durch eine Ambivalenz aus. Die Repräsentantinnen/Repräsentanten dieses Typus haben **Angst vor zu viel** und gleichzeitig **zu wenig Nähe.** Die Merkmale Angst und die Vermeidung sind deutlich präsent.

Starke und stabile Bindungen müssen jedoch nicht immer nur positive Konsequenzen haben. So nimmt man an, dass Menschen, die einen stabilen Bindungsstil praktizieren, große Schwierigkeiten haben können, sich von ihren Partnern trennen sollten, und zwar auch dann, wenn es objektiv als dringend notwendig erscheint. Hier findet sich wahrscheinlich die Erklärung dafür, warum speziell Frauen ihre sie misshandelnden Partner nicht verlassen. Ein ähnliches Phänomen kann zuweilen auch in Freundschaftsbeziehungen Jugendlichen beobachten. Viele Jungs und Mädchen behalten ihre emotionale Offenheit gegenüber ihren Freundinnen/Freunden auch dann, wenn sie von ihnen ablehnend, ja fast grausam behandelt werden. Sie wollen die freundschaftliche Bindung aufrechterhalten und sind bereit das Ration (die Vernunft) zu überwinden, dass ihr gegenüber im Grunde auf ihre emotionalen Signale mehr oder weniger offen abweisend reagiert.

1

1.4 Liebesbeziehung

» „[…] die Erforschung der Liebe könnte derselben den Reiz und die Aura des Mysteriösen, des sich jeder Ratio Entziehenden und letztlich Unverstehbaren nehmen – und dies möchten die wenigsten." Das schrieb Henrik Walter, Psychiater, Neurowissenschaftler und Philosoph an der Berliner Charité, Forschungsbereich Mind und Brain (Walter, 2003, S. 76).

Aus psychologischer Sicht ist **Liebe** vor allem eine Emotion, das Gefühl der Zuneigung, Zärtlichkeit und ein starkes Wohlgefühl angesichts der geliebten Person, mit der man unbedingt zusammen sein möchte. Die Sozialpsychologie interpretiert Liebe als eine positive Einstellung: der geliebten Person werden positive Eigenschaften zugeschrieben, sie wird aufgewertet, idealisiert und insgesamt höher bewertet als andere Bezugspersonen. Doch das reicht nicht zum Verständnis von „**Liebe**", weil diese noch weitere Elemente umfasst, welche die psychologische Betrachtungsweise übersteigen und das Phänomen der Verliebtheit sowie Liebe von anderen nahen Beziehungen unterscheiden.

Obwohl die in den vorhergehenden Abschnitten vorgestellten sozialpsychologischen Erklärungsmodelle solcher nahen Beziehungen eine generelle Gültigkeit haben, sodass sie verschiedene Beziehungsformen – Freundschaften, Kameradschaften, Teams, Seilschaften – verwendet werden können, braucht man den Beitrag mehrerer Disziplinen, z. B. die Philosophie, Physiologie, hier vor allen der Neurophysiologie und Anthropologie und Geschichte, um die Verliebtheit und Liebesbeziehung mit und ohne Sexualität zu verstehen.

Das Gefühl ‚*Liebe*' ist ein Zustand *physiologischer Erregtheit,* der sozial und kognitiv als Liebe definiert ist (Walter, 2003). Man kann diese Erregtheit nicht verstehen, wenn man die hormonalen Mechanismen und neurophysiologische Vorgänge nicht berücksichtigt. Die Erforschung von Liebe erfordert demnach einen multidisziplinären Zugang. Man würde den *Zustand physiologischer Erregtheit* nicht verstehen können, würde man die hormonalen Mechanismen und neurophysiologische Vorgänge nicht berücksichtigen. Das Verlangen, mit der geliebten Person zusammen sein, ruft im Gehirn die gleichen Prozesse hervor, wie die Einnahme von Drogen oder das Alkoholtrinken. Das Encounter zweier verliebten Individuen aktiviert eine spezifische Gehirnregion, die mit dem Belohnungs- und Motivationssystem im Mittelhirn zusammenhängt. Dieser Prozess findet nicht nur bei den Frauen und Männern in Europa und Nordamerika statt, wir Kulturvergleiche zeigen: Die neurophysiologischen Mechanismen wurden in verschiedenen Kulturen identifiziert.

Aus der Perspektive der Sozialpsychologie wirken sich sozialkulturelle Einflüsse sehr wohl auf die Liebe und die Ausformung von Liebensbeziehungen. Dazu der Neurowissenschaftler Walter: „Empirisch-psychologische Theorien ermitteln mithilfe von Fragebögen oder sozialpsychologischen Verhaltensexperimenten Ansichten und Einstellungen zur Liebe und formulieren dann ein empirisch gestütztes Konzept der Liebe. Darüber hinaus finden sich sozialkonstruktivistische Theorien, die davon ausgehen, dass die Idee der Liebe von der jeweiligen Gesellschaft vorgegeben ist. Das Erleben von Liebe erscheint sozial geformt und konstruiert.

Evolutionstheoretische Ansätze versuchen, das Phänomen der Sexualität und Strategien der Auswahl und Gewinnung eines Partners/einer Partnerin mit Evolutionsmechanismen zu erklären. Und schließlich gibt es unzählige Liebestheorien in psychologischen Ratgebern, die aus einer idiosynkratischen Mischung dieser Theorien mit persönlichen oder therapeutischen Erfahrungen bestehen." (gekürzt nach Walter, 2003, S. 78).

1.4.1 Typisierung der Liebensbeziehungen und Definition der Liebesstile

Sobald es um die Anbahnung von Liebesbeziehungen geht, spielt neben den Emotionen und Einstellungen speziell das Verhalten eine große Rolle. Die Art, wie man sich dem geliebten Individuum nähert und mit ihm interagiert, wird durch die sogenannten Liebensstile beschrieben (Lee, 1973), in deren Konstruktion auch literarische und philosophische Annahmen eingeflossen sind. Die Liebesstile (vgl. ▶ Abschn. 1.3) bauen auf sogenannten Bindungsstilen auf, die auch für Freundschaften und andere nahe Beziehungen gelten.

Vielleicht war der literarisch-philosophische Einfluss der Grund dafür, dass man die **Liebesstile** mit *Farbenmischungen* verglich, und ihnen griechische Namen gab:

Eros für die romantische Liebe Gekennzeichnet durch eine sexuelle Anziehung und Leidenschaft. Romantisch liebende Menschen fühlen sich physisch zur Partnerin bzw. zum Partner hingezogen. Physische Attraktivität ist wichtig. Ein intensives Sexualleben hat in dem romantischen Liebesstil eine zentrale Bedeutung. Romantische Beziehungen sind ein wesentlicher Bestandteil des sozialen Lebens der Menschen. Sie sind sehr wichtig für das gesundheitliche, emotionale und soziale Wohlbefinden.

Storge für die freundschaftliche Liebe Wichtig sind ähnliche oder gleiche Interessen und Gewohnheiten. Die Partnerinnen oder Partner, die diesen Liebesstil praktizieren, leben harmonisch und im gegenseitigen Vertrauen. Sie bewältigen die sich ihnen stellenden Aufgaben kooperativ.

Ludus für die spielerische Liebe Personen, die diesen Liebesstil praktizieren, sind am Abenteuer und immer neuen Erlebnissen interessiert, nicht wirklich an einer langfristigen Bindung. Ihnen erscheint vor allem die eigene Person als attraktiv. Auch die Personen, die ihnen diese selbstbezogene Attraktivität (Selbstverliebtheit) bestätigen, sind ihnen sympathisch und werden geliebt.

Mania für die Eifersucht Personen, die diesen Liebesstil praktizieren, wollen die Partnerin bzw. den Partner (vollständig) kontrollieren und an sich binden.

1

Pragma für die pragmatische Liebe   Kognitive Elemente dominieren in dieser Beziehung, oft auf Kosten der Emotionen (Vernunftpartnerschaft). Die Partnerin oder der Partner, die diesem Liebesstil zugeneigt ist, sucht Vorteile, Nutzen und Ertrag. In vielen Kulturen sind arrangierte Ehen ausgesprochen häufig. Untersuchungen und Erfahrungsberichte zeigen, dass sich zwischen den Partnern dieser arrangierten Ehen häufig Liebe einstellen kann.

Agape für die selbstlose Liebe   Die Partnerin bzw. der Partner, die diesem Liebesstil zugeneigt ist, zeigt sich altruistisch eingestellt und ist bereit, sich für ihre Partnerin oder ihren Partner aufzuopfern.

Jedem Menschen können mehrere Liebesstile eigen sein. Das heißt, ‚reine Typen' finden sich selten. Der deutsche Sozialpsychologe Hans Werner Bierhoff (2002) versuchte mit Hilfe von Befragungen vieler Tausend Menschen zu bestimmen, ob bei ihnen eine Neigung zu einem bestimmten Liebesstil überwiegt. Nach seiner Feststellung dominierte der romantische Liebesstil, gefolgt vom freundschaftlichen, danach altruistischen und schließlich vom eifersüchtigen Liebesstil. Es muss angenommen werden, dass sich diese Präferenzen in Verlauf einer Beziehung verändern, z. B. von der romantischen zur freundschaftlichen oder pragmatischen Beziehung. Ferner ist es wahrscheinlich, dass diese Reihenfolge unter Umständen vom *Zeitgeist* abhängig war und sich im Zeitverlauf (also bis heute) wandeln konnte. Ganz gewiss sind die Liebesstile auch kulturell und sozial geprägt (Walter, 2003, S. 81). Ferner wurde an der Bierhoff'schen Typologie kritisiert, dass sie sich lediglich für heterosexuelle Beziehungen eignet und die homosexuellen Verhältnisse außer Acht lässt.

Hans Werner Bierhoff war nicht der erste, der sich mit der *Typisierung der Liebesstile* befasst hat. Seine Arbeit lehnt sich an die Arbeiten anderer Psychologinnen/Psychologen. Das bekannteste Modell stammt von Robert Sternberg (1988), einem US-amerikanischen Psychologen. Es besteht aus drei Komponenten und heißt entsprechend *Triangular Theory of Love*. Die Komponenten des Modells sind entweder positiv – sie begünstigen eine Liebesbeziehung oder sie wirken negativ, sodass sie eine Beziehung hintertreiben und behindern. Dieses Modell von Robert Sternberg, das sich nicht nur für die Typisierung heterosexueller Liebesbeziehungen eignet, enthält:

- **Intimität (Intimacy):** die durch Gefühle und Verhaltensweisen charakterisiert ist, welche die enge Beziehung und Nähe der Partner bzw. Partnerinnen fördern: emotionale Unterstützung, Respekt, Erleben von Gemeinsamkeit, Verlässlichkeit, Vertrauen etc. Die Intimität wird als ein relativ stabiles Charakteristikum betrachtet.
- **Leidenschaft (Passion):** Diese Komponente umfasst nicht nur emotionale Elemente und Bindungen, die durch Erlebnisse in früher Kindheit geprägt wurden, sondern ebenso die psychophysiologischen und neuralen Faktoren der Erregung. Diese Komponente gilt als instabil – sie stellt sich ein oder schwächt sich ab, das heißt, sie fluktuiert. Damit unterscheidet sie sich von den beiden anderen Komponenten. Die Fluktuation ist kaum vorhersagbar.

▬ **Selbstverpflichtung/Entscheidung:** Die dazu gehörenden Faktoren werden in Kurzzeitfaktoren und Langzeitfaktoren unterteilt. Die letztgenannten werden als stabil betrachtet.

Sternberg (1988, 1998) definierte die dazu gehörenden Liebesstile. Es handelt sich um sieben Arten der Liebe, in denen die Komponenten Dreikomponentenmodells einzeln oder in unterschiedlichen Kombinationen vertreten sind: In der romantischen Liebe kombiniert sich zum Beispiel die Intimität und Leidenschaft. Die vollkommene Liebe enthält alle drei Komponenten, d. h. Intimität, Leidenschaft und Selbstverpflichtung (◘ Tab. 1.1).

Sternberg nahm nicht an, dass ein Mensch auf einen Liebesstil sein ganzes Leben fixiert ist. Vielmehr dachte er, dass jeder Mensch im Verlauf seines Lebens und bei wechselnden, oder aber sich weiter entwickelnden Beziehungen, verschiedene Liebensstile praktiziert. Man kann nicht sagen: „Das ist ein romantischer Mann!" Derselbe Mann kann in seinen jungen Jahre eher zum kameradschaftlichen Liebesstil neigen und seine „Kindergartenliebe" heiraten. Aber in mittleren Jahren trifft er eine Partnerin, mit der er eine vollkommene Liebe erlebt, die voller Intimität und Nähe ist und gleichzeitig ein hohes Maß an Selbstverpflichtung aufweist.

Obwohl manche Wissenschaftlerinnen und Wissenschaftler geschlechtsspezifische Unterschiede in dem Auftreten der Liebesstile identifizierten, stellen sich anderen dagegen. Fest scheint jedoch zu stehen, dass Menschen – sowohl Frauen als auch Männer – die eine gute, das heißt befriedigende Liebesbeziehung haben, glücklicher sind als die, denen es nicht gelungen ist, eine derartige Beziehung anzubahnen (Easterlin, 2003). Seit langem zeigen sehr zahlreiche sozial- und gesundheitspsychologische Untersuchungen, dass ein signifikanter Zusammenhang zwischen positiven Liebesbeziehungen und mentaler sowie körperlicher Gesundheit besteht.

1.4.2 Bedeutung physischer Attraktivität und Schönheit

Das Thema physische Attraktivität und Schönheit scheint mit der Liebe und Liebesbeziehung im engen Zusammenhang zu stehen. Zweifelsohne wird die physische Attraktivität des Gesichts und Körpers stark von phänotypischen Merkmalen der Individuen beeinflusst. Wichtig sich die Körpergröße, Silhouette, Länge der Extremitäten, die Form des Gesichts, seine Erscheinungssymmetrie, d. h. der Abstand der Augen oder die Höhe der Wangenknochen. Die Bedeutung dieser Merkmale wird jedoch von verschiedenen Disziplinen unterschiedlich interpretiert.

Aus der Perspektive der Evolutionsbiologie und Genetik spielen die Faktoren eine wichtige Rolle, welche für die Gesundheit von Individuen sowie den Fortbestand der Menschheit als günstig er-scheinen: Makellose Haut, Signale der Fruchtbarkeit und Gebärfähigkeit (bei Frauen), Symmetrie der Körper (auch bei Männern). Aus der Sicht der Sozialwissenschaften und der Psychologie hängt die

1

◘ **Tab. 1.1**   Liebesstile mit darin enthaltenen Komponenten der Triangular Theory nach Sternberg (1988, 1998)

Liebesstil	Komponente Intimität (Vertrautheit)	Komponente Leidenschaft	Komponente Selbstverpflichtung
Nicht-Liebe (Beziehung, in der keine Komponente des Dreikomponentenmodells erkennbar präsent ist)			
Mögen (Typisch für eine Freundschaft)	x		
Verliebtheit (Liebe auf den ersten Blick, die schnell aufflammen und schnell erlöschen kann)		x	
Leere Liebe (basiert auf einmal eingegangener Verpflichtung)			x
Romantische Liebe (Sie zeichnet sich durch viel Nähe und Leidenschaft aus.[1])	x	x	
Kameradschaftliche Liebe (basiert auf Vertrautheit und Bindung – z. B. man kennt sich von der frühen Kindheit)	x		x
Einfältige Liebe (Es fehlt die Vertrautheit und Nähe, z. B. die sogenannte „Affäre", die ein Partner neben seiner „richtigen Partnerschaft unterhält.)		x	x
Vollkommene Liebe (sie enthält alle drei Komponenten, ist jedoch häufig vorübergehend, weil in der vollkommenen Beziehung die Leidenschaft möglicherweise verschwindet.)	x	x	x

[1]Vorsicht: in der (anglosächsischen) Fachliteratur wird der Begriff „romantische" Beziehung oft generell für eine Liebensbeziehung verwendet. Damit wird sie von der „intimen Beziehung" unterschieden, die überwiegend aus Sexualität besteht – etwa im Zusammenhang mit dem mobilen Online-Dating

Bewertung dieser Merkmale als „schön" von sozialen, kulturellen und geographischen Faktoren, Rollenzuschreibungen und Moden ab.

Im Zusammenhang mit der Partnersuche und Liebesbeziehung wird nach wie vor soziobiologische und evolutionspsychologische Deutungen hingewiesen. Ebenso wird viel Aufmerksamkeit den genetischen Faktoren des physischen Aussehens gezollt. Die genetische Forschung hat Beweise dafür gefunden, dass die ‚Paarbildung' bei Menschen genetisch assortativ erfolgt (*Genetically Assortative*

Matching/GAM, Dominque et al., 2014). Damit ist gemeint, dass die Paarbildung (speziell, wenn die Paare Kinder haben wollen) nicht zufällig erfolgt, sondern dass sich Menschen die Partnerin/den Partner suchen, die ihnen in genetischer Hinsicht ähneln. Anders die psychologische Eigenschaftstheorie (vgl. ▶ Abschn. 1.1), welche die demografischen und sozialen Merkmale wie Bildung, Status oder Alter (Rüffer, 2001; Skopek et al., 2011; Skopek, 2012) als wichtige Determinanten der Paarbildung und Partnerschaftsbeziehungen betrachtet (Schwartz, 2013).

Viele Expertinnen und Experten sind überzeugt, dass die psychologischen Mechanismen, die zu scheinbar individuellen ästhetischen Entscheidungen führen, eine biologische Basis haben (Miller, 2000). Experimente mit Säuglingen zeigten, dass Kinder bereits im Alter von wenigen Wochen attraktive Gesichter länger betrachteten als unattraktive Gesichter (Langlois et al. 1987). Säuglinge tendieren nicht nur dazu, attraktive *Menschen*gesichter zu bevorzugen, sondern auch Tiergesichter (Quinn et al., 2008). Das wird als eine angeborene Bevorzugung attraktiver Gesichter interpretiert (Little et al. 2011). Gleichzeitig ist jedoch gut belegt, dass die *Schönheitsstandards* erst im Verlauf der individuellen Sozialisation erlernt werden.

Der Volksglaube schreibt dem guten Aussehen und der Schönheit eine herausragende bei der Wahl einer potenziellen Partnerin oder eines potenziellen Partners zu. Gleichzeitig wird jedoch behauptet, dass es bei der Beziehungsbildung nicht auf die die äußere Erscheinung der Partner ankommt, sondern auf die ,*inneren Werte*', besonders auf Gefühle, die Empathiefähigkeit und auf bestimmte Verhaltensweisen: „*Sie ist fleißig*". „*Er ist treu.*" „*Sie ist so hilfsbereit.* Oder „*Er trinkt nicht.*" In solchen Überzeugungen spiegeln sich *die tradierten moralischen* Normen wider. Besonders im Erziehungs- und Bildungsbereich gilt die Maxime, dass Menschen *über der Schönheitsgläubigkeit stehen* müssten, und dass der Glaube an die Wichtigkeit der Schönheit „einer Bankrotterklärung gleichkommt und geflissentlich unterlassen werden sollte" (Degele, 2008, S. 9).

Allerdings zeigen zahlreiche empirische Untersuchungen aus verschiedenen Lebensbereichen, dass die Relativierung der Schönheit und des vorteilhaften körperlichen Aussehens nicht der gesellschaftlichen Wirklichkeit Rechnung trägt. **Schönes Aussehen** hat in vielen Bereichen des sozialen Lebens eine große Bedeutung, die *weit größer* ist als bei der Partnersuche. Gutaussehende Menschen haben fast überall bessere Chancen. Sie haben mehr Erfolg am Arbeitsmarkt, sodass sie im Durchschnitt mehr verdienen als Menschen, die nicht so schön sind (Hamermesh, 2011). Schöne Kandidatinnen und Kandidaten sind bei politischen Wahlen erfolgreicher als weniger schöne Leute (Maurer & Schoen, 2010). Schönheit ist ein Merkmal, dass sich vermarkten lässt. Schöne Kinder werden besser behandelt, etwa in der Schule (Dunkake et al., 2010). Man ist geneigt, ihnen mehr Freundlichkeit und Vertrauen entgegenzubringen und ihnen Fehler durchgehen zu lassen. Das können die Ursachen dafür sein, dass schöne Leute generell seltener in Konflikte – einschließlich der Konflikte mit dem Gesetz – verwickelt sind (Mocan & Tekin, 2010).

Das schöne Aussehen ist für eine erfolgreiche soziale Interaktion hochgradig relevant. Das zeigt sich zum Beispiel bei der Erforschung sozialer Ungleichheit: Schönheit „beeinflusst nicht nur die Einkommensungleichheit, sondern wirkt

1

sich ubiquitär in allen Bereichen menschlichen Zusammenlebens auf Erfolg oder Misserfolg aus" (Rosar et al., 2014, S. 178).

Es wäre also verwunderlich, wenn das gute Aussehen und die Schönheit bei der Partnersuche keine Rolle spielen würden. Deren Bedeutung zeigt sich auf dem digitalen Partnermarkt, wo extreme Wettbewerbsbedingungen vorherrschen. Die Partnerschaftssuchenden hoffen, eine gutaussehende Partnerin beziehungsweise einen gutaussehenden Partner zu finden und für sich zu gewinnen. Aus empirischen Untersuchungen geht jedoch hervor, dass auch für die Merkmale Schönheit und körperliches Aussehen die ABX-Theorie der Attraktivität zu gelten scheint (Newcomb, 1959 – vgl. auch 1.1). Menschen tendieren nämlich dazu, sich für die Partnerin/den Parten zu entscheiden, deren Aussehen etwa auf dem gleichen Attraktivitätslevel liegt, wie ihr eigenes. Das ist die gleiche Tendenz, wie die, die sich in der Bevorzugung der vergleichbaren sozialen Herkunft und einigen anderen, z. B. demografischen Merkmale zeigt. Fachleute sprechen von **der Neigung zu homogamen Partnerentscheidungen,** zumindest in Verbindung mit einer analogen Partnersuche. Evolutionstheoretisch wird argumentiert, dass sich bestimmte Merkmale hinsichtlich ihrer Wirkung auf Attraktivität gegenseitig austarieren und dass sie einander kompensieren können. So könnte das Einkommen die Defizite des Aussehens dieser Männer ausgleichen, sodass sie für ihre schönen Partnerinnen attraktiver wirken als sie in der Realität sind. Diese Kompensation entspricht der normativen Erwartung. Aber empirisch wurde dieses Phänomen nicht bestätigt. Zumindest brachten Studien, die sich damit befassten, keine wirklich signifikanten Ergebnisse (Pashos, 2002). Eher schon zeigt sich in Populationsstudien, dass gutaussehende Frauen bevorzugt gutaussehende Partner haben. Das gleiche gilt umgekehrt für gutaussehende Männer, auch sie haben eher gutaussehende Partnerinnen. Das Aussehen der Frau kann sich auf den sozialen Status des männlichen Partners positiv auswirken und dessen Beziehungsertrag (vgl. Thibaut & Kelley, 1959) verbessern. Umgekehrt scheint es nicht der Fall zu sein. Das Aussehen von Männern hat kaum beine Bedeutung für den sozialen Status ihrer Partnerinnen (Guéguen & Lamy 2012).

Insgesamt muss also festgestellt werden, dass die Schönheit und das gute Aussehen für die Attraktivität zwischen potenziellen Partnern nicht so große Bedeutung haben, die ihnen in der allgemeinen Meinung zugeschrieben werden. Es sind wichtige Merkmale, die zwar zur Attraktivität der partnerschaftssuchenden Personen beitragen, aber nicht die Attraktivität ausmachen. Bei deiner Befragung von 5658 Männern und Frauen in Deutschland gaben 61 % der Männer und 59 % der Frauen an, dass das Aussehen für sie bei der Partnerwahl eine Wichtigkeit hat. Dieses Merkmal stand an siebter Stelle in der Reihe von 12 Attraktivitätsmerkmalen (Statista, 2021). Bei digitaler Partnerschaftssuche – z. B. beim Speed-Dating – gewinnt das physische Aussehen jedoch etwas mehr an Bedeutung, wie wir weiter unten zeigen wollen.

Die sozialwissenschaftliche Forschung zeigte, dass die geschlechtsspezifischen Präferenzen bei der Partnersuche weniger evolutionär geprägt sind, sondern dass sie der Ausdruck der Geschlechterungleichheit sind. In den modernen Gesellschaften haben Männer mehr Macht. In den beruflichen Hierarchien stehen sie noch immer höher als Frauen, haben entsprechend mehr Macht und eine bessere Kontrolle über Ressourcen. In vielen Ländern können Frauen ihren sozialen Status durch die Wahl eines statushöheren Partners verbessern. Das ist hierzulande kaum noch der Fall. Im Jahre 2017 hatten Paare in Partnerschaften etwa das gleiche Bildungsniveau, nur bei 27 % war der Mann bildungsmäßig höher als seine Partnerin gestellt (Statistisches Bundesamt, 2021). Das Klischee, dass Männer die schöne Sekretärin suchen, dass sie sich also nach dem Aussehen orientieren und eine statusniedrigere Frau suchen, muss nach diesen und weiteren Zahlen als überholt gelten.

Trotzdem wäre es völlig falsch, würden wir die Rolle des schönen Aussehens vernachlässigen oder minimieren wollen. Es gibt genug solide empirische Befunde, die zeigen, dass es sehr wichtig ist und dass bemerkenswerte Geschlechtsdifferenzen existieren (Jonason et al., 2012), die unter anderem vom Zeitaussichten für die Beziehung abhängig sind: Beide Geschlechter bevorzugen im kurzfristigen Fall attraktive Partner und im langfristigen Fall freundliche Partner. Tendenziell legen Männer mehr Wert auf Attraktivität als Frauen (Confer et al., 2010), die mehr Wert auf Freundlichkeit und damit assoziierte Merkmale legen. Die Einschätzung, ob das Gesicht oder der Körper wichtiger sind, unterscheidet sich von Studie zu Studie (z. B. Jonason et al., 2012; Rhodes, 2005). Für kurzfristigen Beziehungen bevorzugen Männer den attraktiven weiblichen Körper, anscheinend, weil dieser ein hohes reproduktives Potenzial signalisiert, was im Hinblick auf den kurzen Zeithorizont irgendwie absurd anmutet. Im langfristigen Fall legen beide Geschlechter Wert auf ein schönes Gesicht, das anscheinend eine gute Gesundheit signalisiert.

Exkurs: Speed-Dating

Das Speed-Dating wurde in den USA gegen Ende der 1990er Jahre entwickelt. Dieses „schnelle Kontaktieren" war dazu bestimmt, eine Partnerin/einen Partner möglichst unkompliziert zu finden, und zwar entweder für das unverbindliche Flirten oder aber für eine sexuelle Beziehung. Nur in den selteneren Fällen wurde intendiert, mittels des Speed-Datings eine mehr oder minder dauerhafte Partnerschaft zu finden. In diesen Zielen Flirt, Erotik Sex finden sich die Parallelen zum späteren mobile-Dating (Stampler, 2014, vgl. auch ▶ Abschn. 1.5.2).

Allerdings findet das Speed-Dating als eine analoge (nicht digitale) Dienstleistung statt. Es ist meistens so organisiert, dass eine Gruppe von Männern und Frauen – konkret etwa zehn Frauen und Männer – zusammentreffen, um der Reihe nach miteinander wenige Minuten zu kommunizieren und am Ende anzugeben, wen sie erneut treffen möchten, um eine intimere Bekanntschaft einzugehen. Neben der heterosexuellen Organisation kann das Speed-Dating auch zur Anbahnung gleichgeschlechtlicher Verbindungen veranstaltet werden.

Beim Speed-Dating spielt die *physische Attraktivität* sowohl von Männern als auch von Frauen eine vergleichsweise große Rolle (Luo & Zhang, 2009). Gemäß einer Interpretation liegt es am Zeitmangel. In der Eile der kurzen Kontaktaufnahmen achten die Teilnehmenden auf vordergründig verfügbare Merkmale – also auf das Aussehen

1

(Kurzban & Weeden, 2005). Weitere Informationen, z. B. über Interessen, Hobbies oder Vorlieben des Speed-Dating-Partners, können nicht schnell genug ermittelt werden, um bei der Auswahl eine Funktion zu haben. Es liegt aber auf der Hand, dass dort, wo es um Sex und Erotik geht, die Physis eine größere Bedeutung hat als die Einstellungen, Eigenschaften und das Denken. Es gehört zu den klassischen Erkenntnissen der Evolutionspsychologie, dass die physische Attraktivität ein zentraler Aspekt bei der Anbahnung sexueller Beziehungen ist (Miller, 2000).

Insbesondere Männer tendieren beim Speed-Dating dazu, die physische Attraktivität in der Weise zu präferieren, die den Vorhersagen der Evolutionsbiologie entspricht (Todd et al., 2007). Es sind die weiblichen Merkmale, die auf eine potenzielle Fruchtbarkeit der Frauen hindeuten, etwa große Brüste, die Kurve der Hüften, welche die Aufmerksamkeit der Männer anziehen. Die archaischen Weiblichkeitsmerkmale scheinen also bedeutend zu sein, obwohl das Speed-Dating nicht auf die Anbahnung einer Verbindung

‚fürs Leben' und für die Familiengründung angelegt ist. Das körperliche Aussehen scheint für eine kurze, unverbindliche Beziehung auszureichen (Todd et al., 2007).

Bei Speed-Dating-**Experimenten** bestand jedoch eine gewisse Ähnlichkeit zu der Präferenz, die auch für langfristige Beziehungen gilt. Bei Männern stand die Präferenz auf der physischen Attraktivität, Frauen interessierten sich mehr für die Intelligenz und ethnische Herkunft der potenziellen Partner (Todd et al., 2007; Fisman et al., 2006). Andere Forschende untersuchten, wie das Merkmal des Alter beim Speed-Dating verwendet wird (Skopek, 2012). Männer bevorzugen jüngere Frauen, wobei sich diese Präferenz mit zunehmendem Alter verstärkt. Damit schränkt sich die Auswahlmöglichkeit für ältere Frauen ein. Denn die gleichaltrigen Männer tendierten zu jüngeren Partnerinnen. Die älteren Frauen müssen sich also mit allen begnügen, die noch übrigbleiben. Daher schlussfolgern die Forschenden, dass die Präferenzen von Frauen mit steigendem Alter *diverser* werden (Rudder, 2014).

1.5   Digitale Partnersuche und Verbindungsanbahnung

In den letzten 30 Jahren erfolgt die Anbahnung und Erhaltung von Partnerschaften immer häufiger übers Internet. Diese ziemlich lange Zeit von drei Dekaden reicht nicht aus, um über einen profunden Kenntnisstand der digitalen-Beziehungen in der Sozialpsychologie und anderen Sozialwissenschaften zu verfügen. Der Forschungsstand ist noch inkonsistent und lückenhaft. Das liegt vor allem daran, dass die Thematik komplex ist und dass sie kontinuierlich *starken Veränderungen* unterworfen ist. Diese sind einerseits dem *technischen* Fortschritt geschuldet: Vor dreißig Jahren waren die digitalen Dienste schwer zugänglich, zu langsam und in vielen Regionen kaum vorhanden. Mobile Verbindungen, ohne die bestimmte Arten der Beziehungsanbahnung (mobile Dating, z. B. Tinder) nicht möglich sind, wurden erst nach und nach entwickelt und optimiert. Gerade die massenhafte Verbreitung der mobilen Dating-Dienste zeigt, dass die Bezeichnung „Online-Partnersuche" heute nicht mehr zeitgemäß ist. Den Kontaktsuchenden reicht ein **Smartphone**, um eine Beziehung, auch die Liebe, zu finden.

Einen starken Wandel hat die gesellschaftliche Einstellung zu den romantischen und intimen Beziehungen im Internet durchgemacht. Kurz vor Beginn dieses Jahrtausends waren solche Beziehungen noch relativ selten, nicht allgemein bekannt, geschweige denn allgemein akzeptiert. *„Hat sie es nötig, im Internet nach einem Partner zu suchen?"*- eine solche Frage würde man heute nicht mehr stellen. Die digitalen Beziehungen jeder Art sind gesellschaftlich fast voll legitimiert. Suchende müssen nicht befürchten, dass sie irgendeine gesellschaftliche Norm verletzen oder dass sie stigmatisiert werden, wenn sie ihre Partnerin an einer Internet-Plattform gefunden haben. Speziell in bestimmten sozialen Gruppen ist es üblich, sich nach potenziellen Partnerinnen/Partnern fast ausschließlich im Internet umzusehen. Wie Erhebungen zeigen, ist es vor allem im gleichgeschlechtlichen Milieu der Fall. Die Autoren des populären Taschenbuchs „Modern Romance" schätzten 2015, dass dreiviertel der gleichgeschlechtlichen Partnerschaften wahrscheinlich im Internet begonnen hat (Ansari & Klinenberg, 2016). Heute sind es vermutlich mehr, weil die Zahlen von Jahr zu Jahr ansteigen. Die Schätzungen darüber, wie erfolgreich Online-Dating ist – gemessen am Anteil der digital entstandenen Paarbeziehungen – schwanken deutlich. Während die Studie von Schmitz et al. (2011) auf Basis der Daten der Pairfam-Studie davon ausgeht, dass etwa 5 % aller Paarbeziehungen online entstanden sind, berichtet die Parship Singlestudie 2009 davon, dass sich 16 % der deutschen Paare über das Internet kennen gelernt haben. Eine Studie vom Oxford Internet Institute geht sogar davon aus, dass in Deutschland immerhin 29 % aller Beziehungen online entstehen (Hogan et al., 2011). Und auch diese Einschätzung ist bereits gut 10 Jahre alt.

Das alles sind Faktoren, die dazu beitrugen, dass der Forschungsbestand noch immer lückenhaft ist. Aber es gibt noch weitere Gründe dafür, warum sich das Thema so schwer greifen lässt:

- Die individuellen Motive und Ziele der Menschen, die digitale Dienste nutzen, um Beziehungen einzugehen, reichen von der Suche nach Freundschaften, gemeinsamen Aktivitäten und Freizeitpartnerschaften bis zu der Suche nach kurzfristigen Liebschaften und rein sexuellen Beziehungen, vielleicht sogar neben dem bestehenden festen Verhältnis und der Ehe, die „offline" fortgeführt werden. Manche Menschen hoffen von vornherein, dauerhafte Bindungen online oder mobil zu finden. Mitunter ersetzen die Partnerplattformen viele der Begegnungsorte, an denen früher üblicherweise Beziehungen eingegangen werden konnten, z. B. Schulen, Universitäten, Kneipen, Sportvereine und Arbeitsplätze. Das unabhängige PEW Research Center in den USA, das sich mit Einstellungen und Meinungen befasst, veröffentlichte vor fünf Jahren folgende Angaben: 15 % der amerikanischen Erwachsenen verwendeten Online-Dating-Seiten oder Mobile-Dating-Anwendungen (fortan „Dating-Apps"), um romantische oder intime Beziehungen anzubahnen. Da diese Nutzung vom Jahr zu Jahr zunimmt (siehe Smith, 2016), sind die Anteile heute, nach fünf Jahren, sicherlich bereits höher. Der Trend ist bei gleichgeschlechtlichen Paaren sogar noch stärker: Ungefähr 70 % der homosexuellen Männer und lesbischen Frauen haben ihre Partner

1

oder Partnerinnen online und nicht durch eine persönliche Begegnung kennengelernt.

- Forschende, die das Verhalten in partnerschaftsrelevanten Interaktionen untersuchen, befassen sich besonders mit der Motivation (Rudder, 2014). Es gibt gewisse Anhaltspunkte dafür, dass die Partnersuche im Internet vor allem dann bevorzugt wird, wenn die Partnerwünsche im sozialen Umfeld nicht zu erfüllen sind (Stoye et al., 2014). Weil aber diese Aussage ziemlich klischeehaft anmutet, sollte sie mit Vorsicht betrachtet werden. Wir müssen betonen, dass digitale Dienste – egal, ob Dating-Websites oder mobile Apps – als vollständig sozial akzeptabel und vorteilhaft gelten und dass sie auch für die Anbahnung lebenslanger Beziehungen und die Familiengründung eine herausragende Rolle spielen (Smith & Anderson, 2016).

- Die Forschungspläne werden dadurch kompliziert, dass viele Menschen sowohl analoge als auch digitale Beziehungen unterhalten. Speziell die *Erhaltung* von Partnerschaften wird oft sowohl *online als auch offline* betrieben. In der Mehrheit der digitalen Suchen wird eine Beziehung online angebahnt, um früher oder später offline fortgesetzt zu werden. Entscheidend dafür ist vor allem die Entfernung der Wohnorte der Partnerinnen und Partner. Manche Suchende konzentrieren sich in erster Linie auf die Personen, die in geografischer Nähe leben, damit sie die digital initiierte Beziehung in der realen Welt, also offline, fortsetzen könnten. Andere Interessenten setzen ihrer Suche keine geografischen Grenzen. Auch diese „Art von Flexibilität" trägt zur Komplexität des Themas bei.

- Große Differenzen ergeben sich daraus, wo nach der Beziehung und Partnerschaft gesucht wird. Manche Suchende wenden sich gezielt an Partner- oder digitale Vermittlungsplattformen. Andere, die sich bereits in sozialen Medien und Internetforen bewegen, nutzen diese, um dort, entweder gezielt oder zufällig, Personen (eventuell mit ähnlichen Interessen) zu finden., mit denen sie eine Verbindung eingehen könnten. Naturgemäß verläuft die Beziehungsanbahnung in allen diesen Fällen unterschiedlich. Von den Partnerplattformen stammen viele Daten, die jedoch nur zum Teil forschungsmäßig erschlossen sind. Die digitalen Vermittlungsagenturen, z. T. auch die Partnerplattformen, verwenden Fragebögen, um Profile der Suchenden zu erstellen, weil ihre Arbeit am sogenannten *Matching* basiert. Mithilfe der Fragebögen werden Profile der Suchenden erstellt und die *zueinander passenden Interessierten* werden zusammengeführt, was häufig mithilfe von spezifischen Algorithmen erfolgt. Obwohl auf diese Weise viele Daten gewonnen werden, liegt der Schwerpunkt nicht an der forschungsmäßigen Auswertung, sondern an der praktischen Nutzung. Diese orientiert sich an der ursprünglich von Newcomb formulierten ABX-Theorie der Attraktivität (Newcomb, 1953) oder an der Typisierung der Bindungen (vgl. ▶ Abschn. 1.3). Möglicherweise ist die Datenqualität für Forschungsvorhaben nicht geeignet. Oder die Agenturen wollen ihre Daten für Forschungen nicht herausgeben, schon auf deshalb, weil auf dem Kontakt- und Beziehungsmarkt eine mitunter gnadenlose Konkurrenz herrscht. Es ist jedoch anzunehmen, dass diese Daten umfassend über die Selbstbilder und das sogenannte Selbstmarketingverhalten der Suchenden informieren.

1.5.1 Digitale Kontaktbörsen

Wir haben darauf hingewiesen, dass es mehrere Möglichkeiten der *digitalen Begegnungen* gibt. Zu den speziellen Orten gehören die Online-Kontaktbörsen oder Partner(-vermittlungs-)Börsen. Sie bilden den zentralen Bereich des Online-Dating. Fiore & Donath (2004) unterscheiden die verschiedenen Formen dieser Online-Dienste anhand ihrer Funktionsweise und der Zielgruppen. Ähnlich Pflitsch & Wiechers (2009), die die digitalen Kontaktbörsen aus der Marktperspektive untersucht haben.

1. Das größte Marktsegment in diesem Bereich sind so genannte *Dating-Plattformen*, die manchmal auch als Singlebörsen bezeichnet werden. Diese Dating-Plattformen stellen für ihre Nutzerinnen und Nutzern Kataloge bereit, in welchen die Profile der als Partnerinnen/Partner in Frage kommenden Personen präsentiert werden. Die Suchenden müssen den Katalog durchsuchen, um eine potenzielle Partnerinnen oder einen Partner selbst herauszufiltern. Sie müssen selbst entscheiden, wer für sie attraktiv sein könnte, um eventuell weiterhin kontaktiert zu werden. Die Kontaktaufnahmen verlangen also eine Entscheidungsleistung und müssen gezielt vorgenommen werden, meistens auf der Grundlage einer beschränkten Information über die angebotenen Personen. Die Suche und Auswahl passender Partnerinnen/Partner wird hier vollständig den suchenden Akteuren überlassen. Sie müssen mehr oder weniger genaue Vorstellungen darüber haben, welche Merkmale die gesuchte Person bringen sollte. Anders als im nicht-virtuellen Alltag ist im Internet eine viel stärkere Explikation und damit einhergehend auch Reflexion der eigenen Wünsche und Vorstellungen nötig, zumal das Angebot an Kandidatinnen und Kandidaten schlichtweg unüberschaubar ist, was eine rationale Entscheidung erschwert oder gar unmöglich macht (vgl. Todd, 2007). Vielfach werden die Kontaktpartnerinnen/Kontaktpartner negativ, nach einem Ausschlussprinzip ausgewählt. Dabei spielen speziell Alter, Größe oder Bildung eine Rolle. Die Kandidatinnen/Kandidaten, die im Katalog nicht diese vorab definierten Kriterien erfüllen, werden schnell weggeklickt. Diese Praktiken führten manche Wissenschaftlerinnen und Wissenschaftler zu der Annahme, dass das Online-Dating das Ende langfristige Partnerschaftsanbahnung mit sich bringt. Mit den digitalen Möglichkeiten verwandelt sich die Partnergewinnung in eine Art Spiel, das die Beziehung zwischen Menschen in Ware verwandelt (Hobbs et al., 2017, S. 271).

2. Anders arbeiten die *Vermittlungsplattformen*, die ähnlich wie klassische Partnervermittlungen in der realen Welt verfahren. Sie fordern den Suchenden ein geringes Maß an Entscheidungshandeln als die Dating-Plattformen ab.

1

Die Aktivität der Suchenden besteht im Ausfüllen verschiedener Fragebögen. In diesen machen sie Angaben über ihre Interessen, Einstellungen, Motive geben einige demografische Informationen (Geschlecht, Alter, Bildungsstand etc.) und über Körpermaße. Davon ausgehend, werden ihnen die „passenden" Partnerinnen/Partner zur Kontaktaufnahme vorgeschlagen. Das geschieht auf Basis von Computeralgorithmen, die sich in der Regel die Erkenntnisse der sozial- beziehungsweise paarpsychologischen Forschung zu Nutze machen, was allerdings für die Akteure meistens nicht vollständig transparent ist. Wegen der großen Konkurrenz halten die Vermittlungsplattformen ihre Verfahren oft geheim. Die Suchenden haben nur die Auswahl aus den Kreis der vorgeschlagenen Personen. Andere Partnerinnen/Partner können sie nicht kontaktieren. Bei diesen Vermittlungsplattformen steht die Bildung langfristiger Beziehungen und einer festen Partnerschaft im Zentrum. Sie suggerieren eine Ernsthaftigkeit und Seriosität. Die Kosten für diese Vermittlungsdienste sind nicht unerheblich. Auch das unterscheidet diese Dienste von den Dating-Plattformen und sorgt wahrscheinlich für eine soziale Vor-Selektion der Nutzerinnen/Nutzer: Menschen, die nicht mehrere Tausend Euro aufwenden wollen, können diesen Service nicht nutzen.

3. Das dritte Marktsegment stellt das so genannte *Adult-Dating* dar, bei dem es primär um die Vermittlung erotischer Kontakte oder Seitensprünge geht. Da ausschließlich kurzzeitige Verbindungen intendiert sind, haben diese Dienste eine regional begrenzte Reichweite, die es ermöglicht, One-Night-Stands zu realisieren. Es ist überliefert, dass einige der Adult-Dating Plattformen mit den sogenannten Bots arbeiten. Sie lassen per Roboter die Darstellungen erfolgreicher Anbahnung sexueller Kontakte verbreiten, um den Nutzerinnen die Ängste vor dieser Form der Sexualität zu nehmen. Es zeigt sich nämlich, dass die Adult-Dating Plattformen zuweilen unter dem Mangel an weiblichen Teilnehmerinnen leiden. Im Jahre 2016 betrug deren Anteil 27 % gegenüber 73 % männlicher Teilnehmer (Statista, 2016).

4. Schließlich gibt es noch eine Vielzahl von *spezialisierten Anbietern,* die sich auf bestimmte *Zielgruppen* konzentrieren. In Deutschland existieren regional orientierte Plattformen, aber auch besondere Plattformen für große Menschen (Frauen > 180 cm, Männer > 190 cm) oder für Übergewichtige, sodann für Akademikerinnen/Akademiker, für Hundeliebhabende, für Menschen mit körperlichen Beeinträchtigungen, oder für Seniorinnen und Senioren sowie für Menschen bestimmter Glaubensrichtungen. Insgesamt gibt es hunderte zielgruppenspezifische Plattformen zur Partnerschaftssuche. Durch diese Ausdifferenzierung sehr spezieller Plattformen für bestimmte Zielgruppen werden nahezu sämtliche Präferenzen der Akteure bedient. Die Forschungsliteratur zeigt, dass diese digitalen Vermittler besonders wichtig sind, um die Anzahl der romantischen Möglichkeiten für „dünne Märkte" wie Schwule, Lesben und Heterosexuelle mittleren und höheren Alters zu erhöhen.

1.5.2 Mobile Dating

Eine andere Form der digitalen Partnerschaftsanbahnung ist das *mobile Dating*. Es unterscheidet sich von den Dating-Websites. Verwendet werden Dating-Apps, die man per Smartphone oder Tabletts erreicht und daher mit sich überallhin tragen kann. Neben dieser Flexibilität ist es auch wichtig, dass der Tastsinn beteiligt ist (Hobbs et al., 2017): Man *schaltet sich* mit einer Partnerin/einem Partner zusammen und wenn es nicht oder nicht mehr passt, wischt man die Partnerin/ den Partner wieder weg. Das Ziel der Suche sind vorübergehende Beziehung und Begegnungen mit überwiegend erotischen oder sexuellen Absichten. Die flüchtigen Treffen (Encounters) führen zu einem Phänomen der Ver*flüssigung* von Paarbeziehung (Bauman, 2003). Das Ergebnis ist eine *„flüssige Liebe"* (Liquid Love – vgl. Bauman, 2003; Hobbs et al., 2017, S. 272). Die Themen, *Attraktion, Attraktivität und Präferenzen* reduzieren sich auf die Entscheidung zwischen „Like" und Dislike". Die Begründer von Tinder, der hierzulande am meisten genutzten Dating-App, meinten, dass sie damit den Zugang zu einer Beziehung erleichtern, und zwar für die Menschen, die Probleme haben, ein Gespräch anzufangen (Stampler, 2014). Das soll zur einer stressfreien Kontaktaufnahme beitragen, die so gut wie kein emotionales Engagement und wenig Zeitaufwand erfordert (Stampler, 2014). Das Mobile-Dating ist nach dem Muster eines Spiels konzipiert: Man gewinnt oder gewinnt nicht. Die Spielenden wissen, dass sie jederzeit, sobald ihnen der gekaufte Kontakt nicht gefällt, zum Marktplatz zurückkehren können, um dort eine weitere Person einzukaufen (Birger, 2015). Jede/jeder Suchende hat die Gelegenheit, ein Netz unverbindlicher sexueller Gelegenheiten um die eigene Person herum zu knüpfen.

Bisher gibt es nicht viele veröffentlichte Forschungsergebnisse über die Nutzerinnen und Nutzer mobiler Dating-Apps. Die Forschung befasste sich bisher mit Online-Dating-Websites und mit der Bedeutung sozialer Netzwerke (z. B. Facebook) für romantische und sexuelle Bedürfnisse.

Mobile Dating-Apps dienen in erster Linie zur Anbahnung erotischer und sexueller Beziehungen. Populäre-Dating Apps, z. B. Tinder und seine Ableger, versenden Fotos von potenziellen Partnerinnen und Partnern in der räumlichen Nähe der Suchenden. Interessierte können anklicken 'like' oder 'dislike, wobei das erstgenannte „Like" gleichzeitig eine Zustimmung zur Möglichkeit bedeutet, eine konkrete Interaktion (Konversation, analoge Kontaktaufnahme, Sexbeziehung) zu beginnen.

Bei Mobile-Dating hat die physische Attraktivität eine große Bedeutung. Die ausgetauschten Fotos sollen die Aufmerksamkeit des potenziellen Partners/ der potenziellen Partnerin wecken. Das Aussehen ist hier die Voraussetzung für eine analoge Kontaktaufnahme oder die Vertiefung der mobile-Interaktion. Im Hinblick auf die erotischen und sexuellen Absichten der Apps des Typus Tinder bemühen sich die Teilnehmenden die Aufmerksamkeitssignale zu verstärken. Deshalb werden z. B. aufreizende Fotos, mitunter auch Videos ausgetauscht, um die Annäherung zu beschleunigen. Gleichzeitig wird der Grad der sexuellen Freizügigkeit signalisiert, woraus ersichtlich wird, ob die Partnerin und der Partner annähernd gleiche Beziehungsvorstellungen aber auch Werthaltungen haben.

1

Tinder ist eine kommerzielle mobile Dating-App, die das Kennenlernen von Menschen in einer regional abgegrenzten Umgebung ermöglicht. Tinder gilt nicht der Suche nach dauerhaften Partnerschaften, sondern nach flüchtigen Beziehungen: Flirt, Clubbesuch, flüchtige sexuelle Verbindung. Die Nutzerinnen oder Nutzer stellen fest, ob sich in ihrer Nähe andere Kontaktsuchenden befinden, mit denen man sich treffen könnte. Zur besseren Orientierung werden im Tinder Profilfotos und Basisangaben (Alter, Geschlecht etc.) veröffentlicht. Die Kontaktsuchenden sehen sich diese Bilder und Angaben an. Gefällt ihnen irgendeine der Personen, so wischen sie das Bild nach rechts. Gefällt sie/er nicht, wischen sie nach links. Wenn beide Teilnehmenden ihre Bilder nach rechts wischen, scheinen ihre Wünsche und Vorstellungen zueinander zu passen. Damit wird signalisiert, dass eine Verbindung möglich ist und dass eine direkte Kontaktaufnahme intendiert ist. Zur Motivation der Tinder-Nutzenden gibt es eher Annahmen, denn evidenzbasierte Informationen. So wird vermutet, dass Menschen, die von jemanden verlassen wurden, mit Tinder problemlos und unverbindlich eine neue Partnerschaft finden. *Unverbindlich* gehört bei den Verlassenen zur Selbstschutzstrategie, die hilft, weitere Enttäuschungen zu vermeiden. Deshalb scheinen die Nutzenden keine hohen Ansprüche zu haben. Auch wird vermutet, dass Tinder von denjenigen genutzt wird, die größere Anstrengungen der Partnersuche meiden wollen.

1.5.3 Selbstdarstellung und Impression Management

Bei der digitalen Kontaktaufnahme im Internet, insbesondere auch beim Online-Dating, tendieren die Teilnehmenden dazu, ihre Bilder zu retuschieren und ihr Aussehen, oft auch ihr Profil zu verschönern. Es wird geschätzt, dass bis zu acht von zehn Suchenden ihre Profile und Selbstbeschreibungen verschönern. An verschiedenen Stellen wird behauptet, dass bei Online-Dating „viel gelogen wird." Besonders Angaben zum Alter, der Größe und zum Gewicht werden oft frisiert (Zillmann, 2016). Männer machen sich etwas größer, Frauen etwas dünner: Sie verheimlichen gerne ihre Korpulenz (Weber et al., 2020). Sogar dann, wenn Fotos oder Videos gepostet werden, wird getäuscht. Bereits einfache Bildbearbeitungsprogramme ermöglichen das Retuschieren. Jedoch tendieren Suchende, die ihre Bilder posten, mehr zu authentischeren Angaben als die Personen, die auf Fotos verzichten (Toma et al., 2008).

Die Tendenz zur besseren Selbstdarstellung ist nicht auf die digitalen Kontaktanbahnungen begrenzt und für die Sozialpsychologinnen/Sozialpsychologen kein unbekanntes Verhalten. Sie erkannten vor langer Zeit, dass so gut wie jede Person ihr Bild beziehungsweise das Bild von ihrem Selbst möglichst optimal präsentieren will. Menschen wollen kontrollieren, welchen Eindruck sie machen und welches Bild von ihnen bei ihren Mitmenschen ankommt. Sie wollen notfalls ihr Bild verändern, wenn dieses negativ wahrgenommen werden könnte. Für diese Aktivitäten verwendet die Psychologie verschiedene Begriffe: Selbstdarstellung, Selbstpräsentation, Impression

Management oder auch Eindrucks- und Image-Kontrolle (Mummendey, 2006). Alle diese Begriffe stehen für die Veränderung des Selbstbildes angesichts der Interaktionspartner. Das Individuum will erreichen, dass sich andere Menschen von ihm **das Bild** machen, was es sich für sich selbst wünscht.

Exkurs: Schönheitshandeln

Mit dieser Tendenz zur Verbesserung des eigenen Erscheinungsbildet befassen sich unter anderem auch Marktpsychologinnen und Marktpsychologen. Sie sprechen von Schönheitshandeln (Degele, 2008). Zum Schönheitshandeln gehören verschiedene Praktiken, die das individuelle Aussehen optimieren, z. B. Schminken, Haare stylen, Schönheitsoperationen usw., nicht nur bei Frauen, sondern auch bei Männern. Das „Schönheitshandeln" und „Sich Schönmachen" findet im öffentlichen und privaten Bereich statt. Öffentlich ist das Schönheitshandeln der Weg dazu, sich sozial zu positionieren und eine besondere Qualität etwa für den Beruf zu präsentieren. Das private Schönheitshandeln und Verhalten dient zur Selbstoptimierung und „ist das Medium der Kommunikation, das zudem der Selbstinszenierung, Stärkung der eigenen Identität und Erlangung des allgemeinen Wohlbefindens dient" (Degele, 2008, S. 9).

Bei der Anbahnung von Partnerschaften und Liebensbeziehungen führt das Schönheitshandeln zur Befriedigung der Bedürfnisse der potenziellen Partnerin/des potenziellen Partners. Eine schöne Freundin zu haben kann bewirken, dass sich der Partner in seinem Selbst gestärkt fühlt. Er rechnet eventuell mit der Bewunderung und Anerkennung seiner Bezugsgruppe. Die Alltagserfahrung zeigt: Speziell Männer punkten mit gutaussehenden Partnerinnen auch dort, wo sie selbst nicht punkten könnten.

Es wird postuliert, dass die Erwartungen an das Aussehen von Frauen im Zuge der Emanzipation nicht schwächer, sondern stärker geworden sind. Als Beleg wird auf die häufig auftretenden Essstörungen und Schönheitsoperationen bei Frauen angeführt, die zeigen, dass junge Frauen unter enormen Druck stehen, ihr Gesicht und Körper so zu optimieren, dass sie ihren „Marktwert" – z. B. am Arbeitsmarkt – steigern können.

Hakim (2010) betrachtet das Aussehen als erotisches Kapital, das am Partnermarkt eingesetzt wird. In dem dort herrschenden Wettbewerb versuchen Männer, Frauen von prestigeträchtigen Positionen fernzuhalten. Deshalb müssen Frauen nicht nur Fähigkeiten und Qualifikation mitbringen, sondern aus ein wunderschönes Äußeres. Ein gutes Beispiel sind Opernsängerinnen. Es ist völlig undenkbar, dass sie lediglich singen können. Sie müssen heute auch ein wunderschönes Äußeres anbieten, wobei sich Schlankheit und bestimmte Gesangsleistungen physiologisch kaum vertragen.

Das Schönheitshandeln ist gerade bei der digitalen Beziehungsanbahnung ein herausragend wichtiges Mittel, nicht nur eine Möglichkeit zur Anhebung der eigenen Attraktivität. Für die Psychologinnen und Psychologen sind jedoch noch weitere Formen der Verbesserung des eigenen Selbstbildes interessant. Gerade bei der Suche nach und Anbahnung von Partnerschaften kommt es jeder Person darauf an, was von ihr die potenzielle Partnerin oder der potenzielle Partner denkt und wie sie gesehen wird.

1

Gründe für das Bestreben um das bessere Image suchten Psychologinnen und Psychologen ursprünglich in der Persönlichkeit und in intrapsychischen Prozessen. Sie wollten herausfinden, wodurch sich die Personen auszeichnen, die über ihre eigene Person täuschen oder in der persönlichen Kommunikation zum Theaterspielen neigen. Später wurde erkannt, dass vor allem der soziale Kontext einen gehörigen Anteil an der Selbstdarstellung hat (vgl. Tedeschi et al. 1985; Tetlock & Manstead 1985).

Der deutsche Sozialpsychologe Hans Dieter Mummendey stellte anhand der ihm vorliegenden Forschungsarbeiten fest, dass die *Selbstdarstellung in fast jeder sozialen Situation eine Rolle spielt"* und schlug vor, jedes menschliches Verhalten aus diesem Blickwinkel der Selbstdarstellungen zu beurteilen und zu interpretieren (Mummendey, 1995, S. 15). „Man kann sich *nicht nicht* selbst darstellen" war seine Schlussfolgerung (vgl. Mummendey, 1995, S. 13).

Auch der Soziologe Erving Goffman befasste sich mit diesem Phänomen. Goffman sprach vom *Image* als einer Beschreibung des Selbstbildes in Begriffen sozial anerkannter Eigenschaften. Ein in Eigenschaften beschriebenes Selbstbild können andere Menschen, die (Interaktionspartnerinnen und Interaktionspartner), leicht übernehmen (Goffman, 1971, S. 10). In Goffmans Auffassung drückt das Image *einen positiven sozialen Wert* aus. Der jeweilige Interaktionspartner reagiert auf diesen Wert mit einem **akzeptierenden** Verhalten.

Bei der Nutzung von Partnerschaftsportalen liefert ein suchendes Individuum Informationen über sich an die virtuellen Interaktionspartnerinnen oder Interaktionspartner. Auch hier geschieht es nicht unkontrolliert. Die suchende Person wählt die Informationen aus, die sie über sich preisgeben oder generell zur Verfügung stellen möchte. Andere Informationen – etwa über das wirkliche Gewicht – werden unterdrückt. Die *Filterung* der Informationen über das Selbst bezeichnen manche Menschen als *Lügen*. In der Regel erweist sich die Abweichung dieser Informationen von der Realität als nicht sehr groß. Sie scheint umso kleiner zu sein, je wahrscheinlicher ist es, dass die suchende Person die gefundene Partnerin oder den gefundenen Partner in der realen Welt treffen wird. Ferner fällt die virtuelle Selbstdarstellung einer Person umso authentischer aus, je selbstbewusster diese Person ist (Ranzini & Lutz, 2017).

Nach Goffman haben die Informationen, die in der Interaktion abgegeben werden, eine strategische Bedeutung. Sie bilden die Basis für (strategische) Handlungsüberlegungen der/des Handelnden. Sie dienen zugleich dazu, der gewählten Interaktionspartnerin oder dem Interaktionspartner Informationen über sie/ihn zu entlocken. So kann es gelingen, diese Interaktionspartner einzuschätzen und sich auf sie einzustellen (Goffman, 2011, S. 5).

Sind die Akteure einander unbekannt, geben ihnen das Aussehen, Verhalten oder die bisherigen Erfahrungen in der analogen Situation Hinweise auf den jeweiligen Charakter (Goffman, 2011, S. 5). Solche Hinweise bestehen einerseits aus *unbewussten oder unbeabsichtigt* gesendeten Zeichen bzw. Ausdruckselementen und andererseits aus *bewusst gesendeten* Zeichen. Dabei besitzt jede Person so etwas wie eine „Fassade", das sind die Teile der Selbstpräsentation, die für die Öffentlichkeit bestimmt sind, aber gleichzeitig auch ein standardisiertes

Ausdrucksrepertoire, das jedes Individuum in der Kommunikation bewusst oder unbewusst anwendet" (Goffman, 2011, S. 23). Die unbewussten Mitteilungen können während der Interaktion mit der Fassade kollidieren. In einer virtuellen Situation ist die Selbstpräsentation zunächst besser kontrollierbar, sodass es nicht zu solchen störenden Kollisionen kommen muss. Sie werden erst dann aktuell, wenn sich die Partner in der analogen, realen Welt treffen. Dann kann es zu imageschädigenden Zwischenfällen kommen.

Es gibt verschiedene Strategien zur Vermeidung von Situationen, die Goffman (1971, S. 21) „gesichtsbedrohend" nannte. Diese Bedrohung kann in einer persönlichen genauso wie in einer digitalen Kommunikation und Partnerschaftssuche auftreten. Das sozialpsychologische Konzept des *Impression Managements* erklärt solche Strategien des *Selbstmarketings* für die Online-Suche nach Partnerschaften. Die Definition des Impression Managements stammt von Schlenker: „*Impression management is the conscious or unconscious attempt to control images that are projected in real or imagined social interactions*" (Schlenker, 1980, S. 6). Eine wichtige sozialpsychologische Erkenntnis besagt, dass das eigene Selbstbild durch die Interaktionspartnerinnen/Interaktionspartner mitgestaltet wird (Leary, 1996). Das Impression Management besteht darin, das eigene Fremdbild (das Bild, was andere von mir haben) zu modifizieren, was sich wiederum auf das Selbstbild zurück auswirkt. Auf diese Weise kann die eigene Attraktivität gesteuert werden, aber *indirekt, über das Fremdbild,* das sich andere von dieser Person gemacht haben.

❓ Fragen

1. a. Was passiert, wenn zwei oder mehrere Menschen zusammentreffen, deren Einstellungen sich ähneln?
   b. Und was ist, wenn sich die Einstellungen der beteiligten Personen – entweder in einer Dyade oder Gruppe – diametral unterscheiden?
2. Was ist eine Dyade?
3. Was wird mit der sogenannten „Newcombs ABX-Theorie der Attraktivität" (Newcomb, 1953) erklärt?
4. Was erklären die Austausch-Theorien der sozialen Attraktion von Thibaut & Kelley (1959)?
5. Wie heißt die Theorie, die erklärt, wie sich Zuwendungen und Bindungen, die ein Kleinkind in seinen frühen Lebensmonaten von seiner Mutter oder anderen signifikanten Bezugspersonen erhalten hat, auf seine spätere Bindungsfähigkeit auswirken?
6. Welche Komponenten bilden die Basis der Dreikomponententheorie (Triangular Theory) nach Robert Sternberg?
7. Ainsworth et al. (1979) beschrieben die sogenannten Bindungsstile. Bitte beschreiben sie den „gleichgültig-vermeidenden Bindungsstil".

✅ Antworten

1. a) Wenn zwei oder mehrere Menschen mit gleichen oder ziemlich ähnlichen Einstellungen zusammentreffen, entsteht ein Gleichgewicht *(Balance-Zustand)* und diese Menschen entwickeln Sympathien zueinander. Sie beginnen sich zu mögen.

1

b) Wenn sich Menschen mit unterschiedlichen Einstellungen begegnen, um miteinander zu interagieren, so entsteht ein Ungleichgewicht, ja sogar eine Spannung (*Imbalance*). Dieser Zustand kann dadurch ausbalanciert (also ausgeglichen) werden, dass sich die Einstellungen der Dyade-Partner oder Gruppenmitglieder annähern.

2. Eine Dyade ist ein Paar. Sie wird in der Sozialpsychologie und Soziologie als die elementare Form einer sozialen Beziehung betrachtet.

3. Mit der „Newcombs ABX-Theorie der Attraktivität" wird erläutert, wie es dazu kommt, dass sich Menschen, die miteinander als Partnerinnen/Partner in einer Dyade oder einer Gruppe interagieren, sympathisch und attraktiv finden. Entscheidend ist die Ähnlichkeit von für diese Personen relevanten Einstellungen. Wenn diese Einstellungen ähnlich sind, entsteht ein Gleichgewicht, wenn sie sich unterscheiden (oder wenn eine der Personen ihre zunächst ähnlichen Einstellungen verändert), entsteht eine Spannung.

4. Die Austausch-Theorien der sozialen Attraktivität von Thibaut & Kelley (1959) beschreiben und erklären die Prozesselemente einer Beziehung, das heißt ihre Entstehung, Haltbarkeit und Veränderung. Im Zentrum steht das Nutzen, dass eine Person aus ihrer Beziehung zu einer anderen Person (oder anderen Personen) zieht, aber auch die Kosten. Was würde eine Person verlieren, wenn sie ihre attraktive Wirkung verliert und nicht mehr interessant ist?

5. Es handelt sich um die Bindungstheorie (Attachment Theory), die besagt, dass die frühkindliche Bindung zur Mutter oder anderen Versorgerinnen und Versorgern darüber entscheidet, wie und ob überhaupt eine Person im Verlauf ihres gesamten Lebens soziale Beziehungen und Bindungen eingehen, pflegen und aufrechterhalten kann (Bowlby, 1982).

6. Die Komponenten, auf denen die Dreikomponententheorie beruht, sind: Intimität, Leidenschaft und Selbstverpflichtung.

7. Die Person, die sich entsprechend diesem Bindungsstil verhält, kümmert sich herzlich wenig um die Beziehung zu ihrer Partnerin/ihrem Partner. Sie möchte autonom sein, vermeidet eine übermäßige Nähe und eventuelle emotionale Abhängigkeit.

Zusammenfassung und Fazit

Wie kommt es, dass sich Menschen gegenseitig anziehen, sodass sie einander näherkommen wollen, sei es den als Freunde, Kooperationspartner oder als Liebende? In der Sozialpsychologie entwickelten sich zahlreiche Modelle, mit denen sich die zwischenmenschliche Anziehungskraft, die **Attraktion,** erklären lässt. Meistens erfassen diese Modelle einen Teil der Merkmale und Prozesse, welche die Attraktion bewirken. Da sind einerseits bestimmte Eigenschaften, Einstellungen und sozio-demographische Merkmale, die bewirken, dass sich Menschen sympathisch und attraktiv finden. Bei einer Ähnlichkeit von Einstellungen und Merkmalen entsteht ein **Gleichgewicht** zwischen zwei oder mehreren Individuen (Newcomb, 1953). Sie passen zueinander, finden sich anziehend und sogar liebenswert.

Aber es ist nicht verwunderlich, dass Menschen auch irgendwie darauf bedacht sind, dass ihnen die nahe Beziehung etwas nützt? Mit den **Kosten-Nutzen** der menschlichen Verbindungen befassen sich die sozialen Austausch-Theorien (Thibaut & Kelley, 1959). Je höher die Attraktion zwischen zwei Individuen ist, desto höher ist auch die **Belohnung,** die ihnen jede gegenseitige Interaktion bringt. Es gibt jedoch auch Faktoren, die diesen Prozess beeinflussen. So zum Beispiel muss man sich fragen, wie viel man in die Verbindung investieren müsste: Wie hoch werden die – überwiegend natürlich *immateriellen* – **Kosten** sein? Nicht minder wichtig ist das **Vergleichsniveau** (Upshaw, 1967). Jeder Mensch untersucht für sich vor dem Hintergrund seiner Erfahrungen (eher unbewusst als gezielt), ob diese Verbindung für sie/ihn die besterreichbare Verbindung ist.

Eine weitere Erklärung der Anziehung zwischen Menschen führt zurück in die früheste Kindheit. Denn die frühkindlichen (Ver-)Bindungen, die einem Säugling und einem Baby zuteilwurden, entscheiden zum großen Teil darüber, wie weit eine erwachsene Person später *bindungsfähig* sein wird (Bowlby, 1982) und welche Art von Bindungsverhalten **(Bindungsstile)** sie voraussichtlich praktizieren wird.

Diese klassischen Theorien eignen sich dazu, ganz verschiedene menschliche Beziehungen zu erklären, also auch die Liebesbeziehungen. Jedoch ist die Liebesbeziehung komplizierter, weil an ihrer Entstehung auch physiologische Einflüsse beteiligt sind. Insofern ist die Liebesbeziehung ein *multidisziplinäres* Forschungsphänomen.

Ein Aspekt der Liebesbeziehung ist der **Körper** und sein **Aussehen.** Allerdings ist die Einschätzung der physischen Schönheit eine ganz komplexe Angelegenheit, die zum beträchtlichen Teil weit in die menschliche Vergangenheit zurückreicht und folglich durch Evolutionsbiologie sowie Genetik erklärt werden muss. Aus sozialpsychologischer Perspektive wird konstatiert, dass das schöne Aussehen in verschiedenen Feldern des sozialen Lebens eine herausragende Rolle spielt. Im Hinblick auf die zwischenmenschliche Attraktion, die zu engen Verbindungen und Liebesbeziehungen führt, scheint die Bedeutung des schönen Aussehens jedoch nicht die Relevanz anderer sozialer und demographischer Merkmale zu übersteigen.

Die Bedeutung des physischen Aussehens ist einem starken Wandel unterzogen. Dieser resultiert aus der zunehmenden Funktion **digitaler Dienstleistungen** für die Anbahnung von Beziehungen aller Art, also auch für Liebesbeziehungen. Konkret lässt sich diese Entwicklung mit der Kommerzialisierung der Partnerschaftsanbahnung und der intimen Verbindungen charakterisieren, ja sogar mit deren **Verflüssigung** (Stichwort: Liquid Love – Hobbs et al., 2017). Es scheint, dass die Themen *Attraktion, Attraktivität und Präferenzen* erst dann wieder bedeutsamer werden, wenn eine Beziehung zustande kommt, die geeignet ist, den digitalen Raum zu verlassen, um im analogen Leben weitergeführt zu werden. Das aber eher selten. Die sozialpsychologische Forschung stellt fest, dass den Teilnehmenden an der digitalen Beziehungssuche ein gewisses Maß an Schönheitshandeln (Degele, 2008) abverlangt wird, um sich *ertragsbringend* anzubieten. Dazu gehören eine frisierte Selbstdarstellung und Verfälschung der Information über die eigene Person (Zillmann, 2016).

1

Literatur

Aaronson, E., & Cope, V. (1968). My enemy's enemy is my fried. *Journal of Personality and Social Psychology, 8,* 8–12.

Ainsworth Salter, M. D., Blehar, M. C., Waters, E., & Wall, S. (1979). *Patterns of attachment: A psychological study of the strange situation.* Erlbaum.

Ansari, A., & Klinenberg, E. (2016). *Modern Romance.* Penguin.

Bauman, Z. (2003). *Liquid Love: On the Frailty of Human Bonds.* Oxford: Blackwell Publishers ltd.

Bierhoff, H. W. (2002). *Spielarten der Liebe. Gehirn und Geist, 3,* 42–47.

Birger, J. (2015). *Date-onomics. How dating became a lopsided numbers game.* Workman Publishing Co.

Bowlby, J. (1982). *Attachment and Loss* (2. Aufl.). Basic Books.

Confer, J. C., Perilloux, C., & Buss, D. M. (2010). More than just a pretty face: Men's priority shifts toward bodily attractiveness in short-term versus long-term mating contexts. *Evolution and Human Behavior, 31,* 348–353.

Degele, N. (2008). Schönheit, Erfolg, Macht. Sozialwissenschaftlicher Fachinformationsdienst so-Fid, Kultursoziologie und Kunstsoziologie 2008/1, 9–16. ► https://nbn-resolving.org/urn:nbn:-de:0168-ssoar-204715.

Doherty, E. G., & Secord, P. F. (1971). Change of roommate and interpersonal concurrency. *Representative Research in Social Psychology, 2*(2), 70–75.

Domingue, B. W., Fletcher, J., Conley, D., & Boardman, J. D. (2014). Genetic and educational assortative mating among US adults. *PNAS, 111,* 7996–8000.

Dunkake, I., Kiechle, T., Klein, M., & Rosar, U. (2010). Schöne Schüler, schöne Noten? Eine empirische Untersuchung zum Einfluss der physischen Attraktivität auf die Notenvergabe durch das Lehrpersonal. *Zeitschrift für Soziologie, 41,* 142–161.

Easterlin, R. A. (2003). Explaining happiness. *Proceedings of the National Academy of Science, 100,* 11176–11183.

Fisman, R., Iyengar, S. S., Kamenica, E., & Simonson, I. (2006). Gender differences in mate selection: Evidence from a speed dating experiment. *The Quarterly Journal of Economics, 121,* 673–697.

Fiore, A. T., & Donath, J. (2004). Online Personals: An Overview. Paper presented at the meeting of ACM Computer-Human Interaction 2004, Vienna, Austria. ► http://smg.media.mit.edu/papers/atf/chi2004_personals_short.pdf.

Goffman, E. (1971). *Relations in public: microstudies of the public order.* New York: Basic Books.

Goffman, E. (2011). *Wir alle spielen Theater. Die Selbstdarstellung im Alltag* (9. Aufl.). [Orig.: The Presentation of Self in Everyday Life; erschien 1959 in New York by *Doubleday & Company.*]

Guéguen, N., & Lamy, L. (2012). Men's social status and attractiveness. Women's receptivity to men's date requests. *Swiss Journal of Psychology, 71,* 157–160.

Hakim, C. (2010). *Erotic Capital. European Sociological Review, 26*(5), 499–518, ► https://doi.org/10.1093/esr/jcq014.

Hamermesh, D. S. (2011). *Beauty pays. Why attractive people are more successful.* Princeton University Press.

Hazan, C., & Shaver, P. (1987). Romantic love conceptualized as an attachment Process. *Journal of Personality and Social Psychology, 52,* 511–524.

Hobbs, M., Owen, S., & Gerber, L. (2017). Liquid love? Dating apps, sex, relationships, and the digital transformation of intimacy. *Journal of sociology, 53*(2), 271–284. ► https://doi.org/10.1177/1440783316662718

Hogan, B., Li, N., & Dutton, W. H. (2011). *A Global Shift in the Social Relationships of Networked Individuals. Meeting and Dating Online Comes of Age.* Oxford: Oxford Internet Institute, ► http://blogs.oii.ox.ac.uk/couples/wp-content/uploads/2010/09/Me-MySpouse_GlobalReport_HoganLi-Dutton.pdf. (gesichtet Jan. 2019).

Homans, G. C. (1961). *Social behavior. Its elementary forms.* Harcourt, Brace & World.

Jonasson, P. K., Raulston, T., & Rotolo, A. (2012). More than just a pretty face and a hot body: Multiple cues in mate-choice. *The Journal of Social Psychology, 152,* 174–184.

Joshi, P. K., Esko, T., Wilson, F., J.F., et al. (2015). Directional dominance on stature and cognition in diverse human populations. *Nature, 523*, 459–462.

Karremans, J. C., & Finkenauer, C. (2014). *Affiliation, zwischenmenschliche Anziehung und enge Beziehungen*. Springer.

Kelley, H. H., & Thibaut, J. (1978). *Interpersonal relations: A theory of interdependence*. New York: Wiley.

Kurzban, R., & Weeden, J. (2005). Hurry date: Mate preferences in Action. *Evolution and Human Behavior, 26*, 227–244.

Langlois, J. H., Roggman, L. A., Casey, R. J., Ritter, J. M., et al. (1987). Infant preferences for attractive faces: Rudiments of a stereotype? *Developmental Psychology, 23*, 363–369.

Lazarsfeld, P. F., & Merton, R. K. (1954). Friendship as social process: A substantive and methodological analysis. In M. Beiger, T. Abel, & C. Page (Hrsg.), *Freedom and control in modern society*. Van Nostrand.

Leary, M. R. (1996). *Self-presentation: Impression Management and Interpersonal Behavior*. Social Psychology Series.

Lee, J. A. (1973). *Colours of love: An exploration of the ways of loving*. New Press.

Little, A. C., Jones, B. C., & Debruine, L.-M. (2011). Facial attractiveness: Evolutionary based research. *Philosophical transactions of the Royal Society of London. Series B, Biological sciences, 366*, 1638–1659.

Luo, S., & Zhang, G. (2009). What leads to romantic attraction: Similarity, reciprocity, security, or beauty? Evidence from a speed-dating study. *Journal of Personality, 77*, 933–964.

Maurer, M., & Schoen, H. (2010). Der mediale Attraktivitätsbonus. *Kölner Zeitschrift für Soziologie und Sozialpsychologie, 62*, 277–295.

Miller, G. F. (2000). *The mating mind. How sexual choice shaped the evolution of human nature*. William Heinemann.

Mocan, N., & Tekin, E. (2010). Ugly Criminals. *Review of Economics and Statistics, 92*, 15–30.

Mummendey, H.D. (1995). *Psychologie der Selbstdarstellung*. Göttingen: Hogrefe.

Mummendey, H. D. (2006). *Psychologie des 'Selbst'. Theorien, Methoden und Ergebnisse der Selbstkonzeptforschung*. Hogrefe.

Newcomb, T. M. (1953). An Approach to the Study of Communicative Acts. *Psychological Review, 60*, 393–404.

Newcomb, T.M. (1959). Individual systems of orientation. In S. Koch (Hrsg.), *Psychology: A study of Science* (Bd. 3, 384–422). McGraw-Hill.

Newcomb, T. M. (1963). Stabilities underlying changes in interpersonal attraction. *The Journal of Abnormal and Social Psychology, 66*(4), 376–386. ► https://doi.org/10.1037/h0041059.

Pashos, A. (2002). *Über die Rolle von Status, physischer Attraktivität und Taktiken bei der Partnerwahl. Soziokulturelle und evolutionsbiologische Mechanismen und Prozesse menschlichen Sozialverhaltens*. Cuvillier Verlag.

Pflitsch, D. & Wiechers, H. (2009). *Der Online-Dating-Markt 2008–2009*. Deutschland-Österreich-Schweiz. ► http://www.sing-le-boersen-vergleich.de/presse/online-dating-markt-2008-2009.pdf, (zuletzt besucht Nov. 2020).

Quinn, P. C., Kelly, D. J.; Lee, K., Pascalis, O., & Slater, A. M. (2008). Preference for attractive faces in human infants extends beyond conspecifics. *Developmental science, 11*, 76–83.

Ranzini, G., & Lutz, C. (2017). Love at first swipe? Explaining Tinder self-presentation and motives. *Mobile Media & Communication, 5*(1), 80–101.

Rhodes, G., Simmons, L. W., & Peters, M. (2005). Attractiveness and sexual behavior: Does attractiveness enhance mating success? *Evolution and Human Behavior, 26*, 186–201.

Riordan, P. (2016). *Attraktivität und Partnerschaft. Wie tragfähig sind evolutionäre Überlegungen zu partnerschaftlichen Beziehungen?* Dissertation an der Sozialwissenschaftlichen Fakultät der Ludwig-Maximilians-Universität München.

Rosar, U., Klein, M., & Hagenah, J. (2014). Physische Attraktivität und soziale Ungleichheit. Einige grundsätzliche Anmerkungen zu einem in der soziologischen Forschung kaum beachteten Prädiktor sozialer Ungleichheit. *Analyse & Kritik, 36*, 177–207.

Rudder, C. (2014). *Dataclysm. Who we are: When we think no one's looking*. Crown Publishers.

1

Rüffer, W. (2001). Bildungshomogamie im internationalen Vergleich – die Bedeutung der Bildungsverteilung. In T. Klein (Hrsg.), *Partnerwahl und Heiratsmuster. Sozialstrukturelle Voraussetzungen der Liebe* (S. 99–129). Leske + Budrich.

Schlenker, B. R. (1980). *Impression management. The Self-concept, social identity, and interpersonal relations.* Monterey, Calif.

Secord, P. F., & Backman, C. W. (1995). *Sozialpsychologie. Ein Lehrbuch für Psychologen, Soziologen, Pädagogen* (5. Aufl.). Fachbuchhandlung für Psychologie.

Schwartz, C. R. (2013). Trends and variation in assortative mating: Causes and consequences. *Annual Review of Sociology, 39,* 451–470.

Skopek, J., Schmitz, A., & Blossfeld, H.-P. (2011). The gendered dynamics of age preferences – Empirical evidence from online dating. *Zeitschrift für Familienforschung, 23,* 267–290.

Skopek, J. (2012). *Partnerwahl im Internet. Eine quantitative Analyse von Strukturen und Prozessen der Online-Partnersuche.* VS Verlag.

Smith, A. (2016). *'15% of American Adults Have Used Online Dating Sites or Mobile Dating Apps',* 11 February (consulted 25 May 2016). ► http://www.pewinternet.org/2016/02/11/15-percent-of-american-adults-have-used-online-dating-sites-or-mobile-dating-apps/#fnref-15504–1.

Smith, A., & Anderson, M. (2016) '5 Facts about Online Dating', Pew Research, 29 February (consulted 25May 2016). ► http://www.pewresearch.org/fact-tank/2016/02/29/5-factsaboutonline-dating/.

Schmitz, A., Sachse-Thürer, S., Zillmann, D., & Blossfeld, H.-P. (2011). Myths and facts about online mate choice. Contemporary beliefs and empirical findings. *Zeitschrift für Familienforschung, 23,* 358–381.

Stampler, L. (2014). Inside tinder: Meet the guys who turned dating in an Addiction. Time magazine, February 6. ► http://time.com/4837/tinder-meettheguyswhoturneddatingintoanaddiction.

Statista Research Department. (2016). Geschlechterverteilung bei ausgewählten Adult-Dating-Portalen in Deutschland im Jahr 2016. ► https://de.statista.com/statistik/daten/studie/614153/umfrage/geschlechterverteilung-bei-adult-dating-portalen/. (letzte Sichtung Mai 2021).

Statista Research Department. (2021). Statistiken zum Thema Liebe und Partnerschaft von 15–03–2021. ► https://de.statista.com/themen/142/liebe/#dossierSummary__chapter2 (letzte Sichtung Mai 2021).

Statistisches Bundesamt. (2021). Pressemitteilung Nr. 422 vom 1. November 2018. ► https://www.destatis.de/DE/Presse/Pressemitteilungen/2018/11/PD18_422_12211.html.

Sternberg, R. J. (1988). *The triangle of love.* Basic.

Sternberg, R. J. (1998). *Love is a story.* Oxford University Press.

Stoye, K. Häring, A. Bass Z. A. & Kalisch, A. K. (2014). Hindernisse und Präferenzen bei der Partnerwahl. Partnersuche in der individuellen sozialen Umgebung und computergestützte Partnersuche im Internet. In A. Häring, T. Klein, J. Stauder, & K. Stoye (Hrsg), *Der Partnermarkt und die Gelegenheiten des Kennenlernens. Der Partnermarktsurvey* (S. 91–110). Springer VS.

Tedeschi, J. T. & Norman, N. (1985). Social power, self-presentation and the self. In R. B. Schlenker (Hrsg.), *The self and social life* (S.293–322). New York.

Tetlock, P. E.; Manstead, A. S. R. (1985). Impression management versus intrapsychic explanations in social psychology: A useful dichotomy? *Psychological Review, 92*(1), 59–77.

Thibaut, J. W., & Kelley, H. H. (1959). *The social psychology of groups.* Wiley.

Todd, P. M., Penke, L., Fasolo, B., & Lenton, A. P. (2007). Different cognitive processes underlie human mate choices and mate preferences. *PNAS, 104,* 15011–15016.

Toma, C. L., Hancock, J. T., & Ellison, N. B. (2008). Separating fact from fiction: An examination of deceptive self-presentation in online dating profiles. *Personality and Social Psychology Bulletin, 34,* 1023–1036.

Upshaw, H. (1967). Comparison Level as a Function of Reward Cost Orientation. *Journal of Personality, 35,* 290–296.

Walster E, Berscheid E. &, Walster G.W. (1973). New directions in equity research. *Journal of Personality and Social Psychology. 25,* 151–176. https://doi.org/10.1037/H0033967.

Walter, H. (2003). Liebe und Lust. Ein intimes Verhältnis und seine neurobiologischen Grundlagen. In Stephan, A. & Walter, H. (Hrsg.). *Natur und Theorie der Emotionen* (S. 75–112). Mentis.

Weber, S., Dettmar, F., & Heeger, J. (2020). „Eigentlich dachte ich, du wärst anders…": Selbstdarstellung bei der Partnersuche auf Tinder und Co. In-Mind Magazin. Psychology of Communication and New Media, *Blog der Justus-Maximilians-Universität Würzburg,* ▶ https://www.mcm. uni-wuerzburg.de/en/kp/news/single/news/silvana-weber-franca-dettmar-und-jenny-heeger-eigentlich-dachte-ich-du-waerst-anders-selbstdar/. (Sichtung am 5.05.2020)

Zillmann, D. (2016). *Von kleinen Lügen und kurzen Beinen. Selbstdarstellung bei der Partnersuche im Internet.* Springer VS.

Prosoziales Verhalten

Warum helfen Menschen und warum helfen sie nicht?

Inhaltsverzeichnis

© Springer-Verlag GmbH Deutschland, ein Teil von Springer Nature 2022
V. Garms-Homolová, *Sozialpsychologie der Zuneigung, Aufopferung und Gewalt,*
Psychologie für Studium und Beruf, https://doi.org/10.1007/978-3-662-64355-6_2

*Die Ausführungen in diesem Kapitel basieren teilweise auf dem überarbeiteten
Studienbrief von Garms-Homolová, V. (2017): Zwischen Zuneigung, Aufopferung
und Gewalt. Zwischenmenschlicher Umgang durch die Brille der Sozialpsychologie.
Studienbrief der Hochschule Fresenius online plus GmbH. Idstein: Hochschule Fresenius
online plus GmbH.*

2

Einführung

Warum sind manche Menschen äußerst hilfsbereit und warum helfen andere überhaupt
nicht? Diese Fragen versuchen wir in diesem Kapitel zu beantworten. Unser Ausgangspunkt ist die Erläuterung verschiedener Namen für ‚Helfen‘, die in der Sozialpsychologie unter dem Oberbegriff prosoziales Verhalten behandelt werden. Dazu stellen wir
verschiedenen Erklärungsansätze und theoretische Modelle des helfenden Verhaltens
dar. Zunächst widmen wir uns der Annahme, dass die Hilfsbereitschaft als die Befol-
gung sozialer Normen aufzufassen ist, die in einer Gesellschaft vorherrschen. In diesem Zusammenhang wird das Modell des altruistischen Handelns (Schwarz & Howard, 1982) erläutert. Danach wird das helfende und selbstlose Handeln unter dem
Blickwinkel einer Problemlösung betrachtet, die auch bewussten Einschätzungen der
Situation und eigenen Handlungsressourcen basiert. Sozialpsychologische Analysen
zeigen jedoch, dass eine Hilfsbereitschaft nicht vollständig selbstlos ist. Die helfende
Person erwartet doch irgendein Nutzen für sich, und sei es ein gutes Gefühl oder die
Entlastung des Gewissen. Im letzten Drittel untersuchen wir die negativen Konsequenzen des Helfens des Helfersyndroms sowie das als Filmen und Büchern bekannte Bild
der armen, ausgeschlossenen oder gemobbten Menschen, die am Ende eher helfen als
die, denen es besser geht.

🖘 **Nach eingehender Lektüre dieses Kapitels können Sie …**

- die Vielfältigkeit der Begriffe „helfendes Verhalten" und „Hilfsbereitschaft" erläutern,
- beschreiben, welche Bedingungen – die im Modell des altruistischen Handelns
nach Schwartz & Howard (1982) dargestellt sind – erfüllt werden müssen, damit Menschen mit helfendem Verhalten reagieren,
- verschiedene Begriffe definieren, die unter den Oberbegriff „Prosoziales Verhalten" subsumiert werden,
- verstehen, warum das helfende Verhalten als ein Problemlösungsprozess aufgefasst werden kann,
- darstellen, wie die Austausch-Theorien das helfende Verhalten erklären,
- den Beitrag des Lernens zur Entwicklung des helfenden Verhaltens beschreiben,
- über die Beziehung zwischen Altruismus und Egoismus qualifiziert diskutieren.

2.1 Verschiedene Formen des helfenden Verhaltens und die Begriffsvielfalt

Das prosoziale Verhalten ist allgegenwärtig. Fast jeder Mensch verhält sich
fast täglich so, dass sie oder er jemanden hilft, sie oder ihn unterstützt, ihr oder
ihm etwas spendet und Verantwortung für andere übernimmt. Das alles sind

Aktivitäten, die unter dem Oberbegriff **prosoziales Verhalten** subsumiert werden können. Auch Teilen, Trösten, bürgerliches Engagement, ehrenamtliche Arbeit, Sorge, Organspende und viele weitere Tätigkeiten zu Gunsten und zum Wohle anderer Personen gehören dazu. Kein Wunder, dass die Befassung mit dem helfenden Verhalten im Zentrum des Interesses von Sozialpsychologinnen und Sozialpsychologinnen steht. Prosoziales Verhalten und Hilfsbereitschaft sind die Schlüsselthemen der Sozialpsychologie.

Weil das *zwischenmenschliche Handeln,* das man *prosoziales Verhalten* oder einfacher *Hilfsbereitschaft* nennt, so vielfältig ist, lässt es sich nur schwer definieren. Das hängt nicht nur damit zusammen, dass es so viele prosoziale Formen gibt. Entscheidend ist auch die *Zeitdimension.* Menschen helfen einmalig oder Unterstützen jemanden wiederholt beziehungsweise auch kontinuierlich. Das helfende Verhalten kann geplant oder völlig spontan stattfinden. Und natürlich spielen auch die Situationen eine große Rolle. Das Helfen in extremen Notlagen ist anders als Hilfsbereitschaft bei mäßiger Bedürftigkeit einer anderen Person. Genauso differiert die Hilfsbereitschaft bei Naturkatastrophen von geldlichen Gaben an eine gemeinnützige Organisation. Diese Liste der Unterschiede ließe sich fortsetzten, wobei auch noch zu betonen ist, dass es anders ist, wenn Menschen als Individuen helfend handeln, oder eben als Gruppenmitglieder.

Angesichts dieser Vielfalt können wir in diesem Kapitel nur ausgewählte Grundlagen erörtern. Es ist unsere Absicht, nicht nur das Helfen zu untersuchen, sondern auch die fehlende Hilfsbereitschaft. Warum helfen einige Menschen nicht? Was könnte man tun, um die Hilfebereitschaft zu fördern? In der Coronakrise interessiert auch das *intergenerationale Helfen.* Das ist ein Hilfeverhalten durch Verzicht, z. B. auf viele Aktivitäten, die Spaß machen: auf Feiern, große Treffen, Clubbesuche, usw.

Trotz der Vielfältigkeit des prosozialen Verhaltens gibt es auch Gemeinsamkeiten. Dieses Verhalten bezieht sich immer in irgendeiner Weise auf eine Notlage oder Bedürftigkeit und Mangel bei Mitmenschen. Die soziale – interpersonelle – Wahrnehmung und das soziale Verstehen sind die Verbindungsglieder zwischen diesen Umständen und der helfenden Handlung. Um zu helfen, müssen Menschen die Notlage oder Bedürftigkeit und Mangel bei ihren Mitmenschen **merken, erkennen und auch verstehen,** dass es sich tatsächlich um eine Notlage, Bedürftigkeit und ein Mangel an irgendwelchen Ressourcen handelt (Garms-Homolová, 1987a). Die zweite Voraussetzung ist die *Absicht,* den Mitmenschen zu nützen (Schneider, 1988, S. 9), ohne dabei explizit irgendeine Belohnung zu erwarten. Diese Bedingung gilt jedoch nicht generell. Wir wollen weiter unten zeigen, dass das helfenden Verhalten durchaus einen *Austausch* darstellen kann (Homans, 1968), auch wenn der Ertrag für den Helfenden nicht materieller Natur ist, sondern zum Beispiel nur zur Beruhigung des schlechten Gewissens oder zum Zufriedenheitsgefühl führen kann.

Nicht nur im Alltag gibt es so viele Bezeichnungen für das, was zum Oberbegriff prosoziales Verhalten gehört. Auch die Sozialpsychologie verwendet viele mehr oder minder verwandte Konzepte und ihnen entsprechende Begriffe, die von manchen Wissenschaftlerinnen und Wissenschaftlern für austauschbar gehalten werden, andere wiederum für eine klare Abgrenzung plädieren (Bierhoff, 2009).

2

Wir im Nachfolgenden näher skizieren wollen, wobei wir auch mehrere Definitionen aufführen, wenn es angezeigt erscheint.

- Das **prosoziale Verhalten** ist ein Sammelbegriff für alle Formen zwischenmenschlicher Unterstützung, die gewinnbringend beziehungsweise vorteilhaft für andere sind (frei nach Batson & Shaw, 2009). Von der Gesellschaft wird prosoziales Verhalten als nützlich bewertet. Berufliche Aufgaben, die zum Ziel haben, anderen zu helfen, sie zu versorgen, zu retten oder zu unterstützen, sind hier nicht gemeint.
- Hilfeverhalten: Zum **Hilfeverhalten** gehören Verhaltensweisen, die eine Person mit der Absicht ausübt, das Wohlergehen einer anderen (hilfsbedürftigen) Person zu verbessern (frei nach Fischer et al., 2014, S. 46). Die Klassikerinnen/Klassiker unter Sozialpsychologen stellen auf das *Nutzen* ab: Es ist „eine Handlung, die zur Folge hat, dass eine andere Person einen bestimmten Nutzen hat oder sich ihr Wohlbefinden verbessert" (Dovidio et al., 2006, S. 22).
- „**Altruismus** ist ein selbstloses Verhalten, das anderen Vorteile bringt, ohne die Konsequenzen für die altruistisch Handelnden zu berücksichtigen" (frei nach Gilovich et al., 2016, S. 542).
- **Empathie**: Die Erfahrung, den emotionalen Zustand einer anderen Person zu verstehen oder ihn gemeinsam mit ihr zu haben oder sich in diese Person zu versetzen. „Empathie" (empathy): Die Erfahrung, den emotionalen Zustand einer anderen Person zu verstehen oder ihn gemeinsam mit ihr zu haben.
- **Freiwilligenarbeit** bedeutet, dass Personen bereitwillig Zeit und Mühe aufbieten, ohne eine Belohnung dafür zu erwarten. (Levine & Manning, 2014, S. 386)
- Almosen und Spende: Ein **Almosen** wird auch milde Gabe genannt, die an einer bedürftigen Person zugewendet wird, ohne dass man von ihr eine Gegenleistung erwartet. Das Motiv für ein Almosen ist Mitgefühl, Mitleid.

2.2 Theorien des prosozialen Verhaltens und der Hilfsbereitschaft

> ► **Beispiel**

In keinem Lehrbuch der Sozialpsychologie fehlt die Beschreibung des folgenden Ereignisses. Es ist die Nacherzählung der Geschichte von Kitty Genovese aus New York eingeleitet, die am helllichten Tage von einem Mann überfallen und mit einem Messer tödlich verletzt wurde. Obwohl sich Kitty Genovese verzweifelt wehrte und das Geschehen sich nicht im Verborgenen, sondern im öffentlichen Raum abspielte, kam dem Mädchen niemand zur Hilfe. Dabei waren rund vierzig ‚Zeugen' anwesend. Über das Verbrechen berichteten viele Zeitungen. Niemand konnte sich erklären, warum die Zeuginnen und Zeugen nicht eingeschritten sind (Darley & Latané, 1968). ◄

Diese Tragödie gab der Erforschung des *helfenden Verhaltens und des Nichthelfens* einen enormen Auftrieb. Dabei standen nicht nur extreme Situationen, wie das Verbrechen an Kitty Genovese im Fokus, sondern auch die alltägliche

Hilfsbereitschaft oder die Verweigerung der Hilfsbereitschaft. Die Forscherinnen und Forscher interessierten sich auch für die Differenzen der zwischenmenschlichen Kontexte, die dem Helfen mal förderlich, mal abträglich sind. Viele Erklärungen und Modelle sind seitdem erarbeitet worden. In diesem Kapitel soll über die wichtigsten theoretischen Ansätze berichtet werden.

Seit den 1930er-Jahren, speziell aber in den 1960er- bis 1970er-Jahren, wurden sehr viele Theorien des prosozialen beziehungsweise helfenden Verhaltens formuliert und die entsprechende Forschung konnte man zeitweise als *ausufernd* bezeichnen. Aber bis heute gibt es kein *Rezept* gegen unterlassene Hilfeleistung und Egoismus in Situationen, die dem Fall Kitty Genovese ähneln. Im Gegenteil: Man hat das Gefühl, dass der Egoismus (nicht der Altruismus) auf dem Vormarsch ist. Die *unresponsive Bystanders* (die teilnahmslosen Zeugen) stellen bei allen Vorkommnissen eine große Gruppe dar. Und vielmehr noch: Wie schon vor fast dreißig Jahren (Garms-Homolová & Schaeffer, 1988) beklagen auch heute Rettungsdienste und Verantwortliche der Gesundheitspolitik, dass Menschen bei Unfällen und Notfallsituationen inaktiv bleiben und viel zu selten zum helfenden Eingreifen bereit sind! Rettungskräfte werden sogar behindert, weil die Anwesenden in erster Linie ihre Neugier befriedigen wollen (Gaffertum). Eine Ausbildung in erster Hilfe, Appelle an Mitmenschlichkeit bei Notlagen, Vorschriften und Gesetze, nach denen die Hilfeunterlassung bestraft wird, bewirken wenig, so lange es nicht gelingt, das äußerst komplexe Gefüge des helfenden Verhaltens zu entschlüsseln und Menschen zu Hilfsbereitschaft zu motivieren.

2.2.1 **Normativer Ansatz**

Zunächst soll die Bedeutung von sozialen Normen für das prosoziale Verhalten betont werden. Denn Hilfsbereitschaft und prosoziale Einstellungen sind in unserer kulturellen Tradition sozial erwünscht und normativ vorgegeben.

Elena Lappin, eine britisch-israelische Schriftstellerin, beschreibt im Kapitel *Tornado in Suburbia* ihrer Autobiografie die folgende Szene in einer US-Vorstadt, wo sie zeitweise lebte:

» „Als wir draußen standen, um die Zerstörungen zu untersuchen, kamen nach und nach unsere bis dahin unsichtbaren Nachbarn in einer großen Anzahl. In vollständiger Stille begannen sie, unsere Einfahrt frei zu räumen, die abgebrochenen Bäume und die Trümmer zu zerschneiden, zerkleinern und zu beseitigen und sie fuhren nicht ab, bis eine völlige Ordnung wieder hergestellt wurde und sie sich überzeugen konnten, dass wir OK sind. Ich habe sie nicht gerufen – in Wirklichkeit kannte ich niemanden von ihnen; sie kamen einfach und halfen, und dann verschwanden sie wieder, wie eine Armee von Engeln." (Lappin, 2016, S. 244)

Im Textausschnitt von Elena Lappin wird das Phänomen dargestellt, das der US-Sozialpsychologe Leonard Berkowitz (1973) postulierte: Das helfende Verhalten ist in der amerikanischen Kultur *normativ verankert*. Die soziale Norm gilt als eine Norm der Gegenseitigkeit. Man hilft. Natürlich hilft man derjenigen Person

2

die Einzige, die für die Hilfe in Frage kommt? Eine wiederholte Bewertung bringt die Information, dass sich zwei starke Männer dem Radfahrer nähern und ihn offenbar aufheben wollen, dass er sich jedoch inzwischen selbstständig auf die Beine stellt. ◀

2. Danach folgt die zweite Stufe: die sogenannte **sekundäre Einschätzung.** Sie setzt ein, wenn erkannt wird, dass die Situation (für das Individuum) relevant ist und dass es folglich entscheiden muss, ob es mit seinen vorhandenen Ressourcen und Kompetenzen die Situation bewältigen kann. Unter *Bewältigung* verstand Lazarus (1981) einerseits die Veränderung der Situation, die zu einer Problemlösung führen könnte. Andererseits ging es ihm um die Regulation der negativen Gefühle, die entstehen würden, wenn die Anforderungen der Situation die individuellen Ressourcen zu übersteigen drohen. Eine solche Gefühlsregulation dient zur Herstellung des Gleichgewichts. Die sekundäre Einschätzung und eigene Ressourcenbewertung erfordern eine Suche nach Informationen, Aktionshemmung oder Aktionsenthemmung sowie bestimmte Aktionen.

> ▶ **Beispiel der sekundären Einschätzung**

Ich sehe, dass der Mann mindestens 120 kg wiegt. Ich könnte ihn also mit ziemlicher Sicherheit nicht bewegen. Aber die zwei Männer müssten diese Kraft haben. Ich stelle fest, dass ich mein Telefon zu Hause vergessen habe. Falls der Mann verletzt ist, kann ich nicht den Rettungsdienst alarmieren! Na gut, ich kann nicht helfen (meine Ressourcen sich beschränkt) und es ist nicht meine Schuld! ◀

3. Die dritte Stufe ist die **Bewertung der Wirkung von Bewältigungsversuchen.** Je nachdem, wie sie ausfällt, wird es unter Umständen erforderlich sein, die primäre und sekundäre Bewertung zu wiederholen. Man spricht von einer **Feedbackschleife.**

> ▶ **Beispiel der Wirkungsbewertung**

Ich kann meine Beziehung zu der Situation abbrechen. Da sind zwei Männer, die den Radfahrer stützen, nach seinem Befinden befragen, und sein Fahrrad kontrollieren. Für mich ist die Situation in gewisser Weise irrelevant geworden und damit erledigt: Sie scheint keine Notfallsituation mehr zu sein, weil der Radfahrer keine wesentliche Verletzung hat und sein Fahrrad nicht kaputt ist. Außerdem könnte ich nicht wirksam helfen: Ich habe nicht die erforderliche Kraft und kein Telefon bei mir. Es liegt an äußeren (materiellen) Umständen, dass ich mich nicht engagiere, nicht an mir. ◀

Die Darstellung des prozessualen Charakters vom prosozialen Verhalten widerspricht nicht den Theorien, die bisher dargestellt wurden. Ähnlich, wie im Modell des altruistischen Handelns (Schwartz & Howard, 1982), erfordert die erste Stufe Aufmerksamkeit, Identifizierung der Notfallsituation beziehungsweise des Hilfebedarfs und der Fähigkeiten, Hilfe zu leisten. Auch die Wiederherstellung des Gleichgewichts korrespondiert mit der *Bewertung* bei Schwartz & Howard (1982). Der Schweizer Sozialpsychologe H.-D. Schneider (1988) war überzeugt, dass eine derartige Zerlegung der Hilfeleistung in Problemlösungsschritte nützlich ist, weil sie aufzeigt, an welcher Stelle interveniert werden könnte, um die Hilfsbereitschaft zu unterstützen.

Zentral ist die *Einschätzung eigener Ressourcen.* Es fragt sich allerdings, wie realistisch diese sein kann. Forscherinnen und Forscher vom Max-Planck-Institut für Neurowissenschaften fanden heraus, dass sich weibliche Probandinnen als hilfsbereiter und großzügiger einschätzten als männliche Probanden (Böckler et al., 2016), wenn Fragebögen zur Messung der Hilfsbereitschaft verwendet wurden. Wurde jedoch das tatsächliche Verhalten gemessen, stellten sich genau umgekehrte Resultate heraus.

2.2.3 Austausch-Theorien

In sozialen Austausch-Theorien des Helfens findet sich eine sehr einfache Feststellung: Die Beziehungen zwischen Menschen basieren zu einem gewissen Teil auf *Geben und Nehmen.* Die *Rückgaben,* die Menschen erwarten, nachdem sie den Mitmenschen etwas *gegeben* haben, müssen nicht materiell sein und sie müssen nicht unmittelbar nach dem Geben erfolgen. Menschen haben einfach eine positivere Einstellung zu den Mitmenschen, von denen sie erwarten können, dass sie auf ihr helfendes Verhalten und die gewährte Unterstützung in vergleichbarer Weise reagieren: mit Unterstützung oder Zuneigung und Wohlwollen. In zwischenmenschlichen Beziehungen sollte idealerweise eine Ausgeglichenheit herrschen. Sie ist der Faktor, der die Stabilität dieser Beziehungen garantiert. Jeder Person soll in einer Beziehung der gleiche *Ertrag* zustehen, natürlich bezogen auf ihre jeweilige Investition. Nicht ausbalancierte, ungleiche Erträge bewirken, dass die Beziehungen instabil sind. Durch eine Hilfeleistung kann das Gleichgewicht der Beziehung verändert werden (Thibaut & Kelley, 1959).

Obwohl also eine Hilfeleistung *selbstlos* ist, erwarten Helfende (vielleicht nur halbbewusst) wenigstens eine Anerkennung. Sie wirkt wie ein Verstärker. Expertinnen und Experten im Sozialbereich klagen regelmäßig, dass ehrenamtliche Helferinnen und Helfer in Deutschland kaum genügende Anerkennung erhalten und dass sich dieser Umstand auf das soziale Engagement negativ auswirkt: die erforderliche Verstärkung fehlt.

Sieht man einen Menschen in einer **unverschuldeten** Notlage, ist man bereit zu helfen. Beispielsweise wenn diesem Menschen sein Geld gestohlen wurde, er also nichts dafürkann, dass er pleite ist. Anders bei selbst verursachten Notlagen (z. B. die Person verspielte ihr Geld und jetzt hat sie keins). In einer solchen Situation geht die Hilfsbereitschaft deutlich zurück. Sozialpsychologinnen und Sozialpsychologen nennen dieses Phänomen die *Norm der gerechten Welt* oder – auf Englisch – Equity Theory (Walster et al., 1978). Sie besagt, dass Menschen faire Beziehungen bevorzugen. Auch das entspricht der sozialen Norm und stellt einen wichtigen Faktor der Hilfsbereitschaft dar.

Doch kann die Normkonformität das tatsächliche Helfen (oder die Unterlassung der Hilfeleistung) nicht allein erklären. In verschiedenen Experimenten wurde untersucht, warum Menschen nicht halfen (Bierhoff & Montada, 1988, Bierhoff, 2009). Das passierte, wenn sie die **Kosten der Hilfeleistung** als sehr hoch

2

herausstellten. Mit Kosten sind hier keine Geldleistungen gemeint, sondern beispielsweise die Unbequemlichkeit oder Gefahren, die mit der Hilfeleistung verbunden sind, oder Probleme, die man sich einhandeln würde, wenn man eine andere Person unterstützt. Folgende Beispiele können dies verdeutlichen.

> ► **Beispiel: Unbequemlichkeiten**

Ein Nachbar fragt den anderen Nachbarn, ob er ihm sein Fahrrad leihen könnte. Dem Gefragten ist klar, dass er aber selber zu Fuß zur U-Bahn laufen müsste, falls er sein Fahrrad verleiht. ◄

> ► **Beispiel: Gefahren**

Gefahren: Es ist Nacht und dunkel. Am Straßenrand stehen ein Auto und daneben ein Mann, der versucht, jemanden anzuhalten. Offenbar ist sein Auto ohne Benzin liegen geblieben. Viele halten jedoch nicht an, weil sie sich fürchten. Der Mann könnte ein Verbrecher sein, der die potenziell Helfenden berauben will. ◄

> ► **Beispiel: Probleme, die man sich einhandeln kann**

Man sieht ein Pärchen, das sich streitet. Ja, mehr noch, der Mann zwingt die Frau offensichtlich, in sein Auto einzusteigen. Die Frau wehrt sich, sie ist eindeutig nicht einverstanden. Eigentlich müssten die Vorbeigehenden eingreifen, aber wer weiß, in welche Scherereien sie sich da begeben würden! Deshalb mischen sie sich lieber gar nicht ein. ◄

2.2.4 Lerntheoretischer Ansatz: Hilfeleistung als erlerntes Verhalten

Im Zusammenhang mit der Hilfeleistung ist das sogenannte *Lernen am Modell* (Bandura, 1994) relevant. In verschiedenen Experimenten stellten Forscherinnen und Forscher fest, dass Menschen halfen, wenn sie beobachten konnten, dass eine andere Person auch schon half (Rushton & Campbell, 1977). Das Modelllernen und Nachahmen sind jedoch von *mehreren Faktoren* abhängig. In erster Linie spielt der *soziale Status* der Person eine relevante Rolle, die als Modell dient. Deshalb versuchen Wohlfahrtsorganisationen und gemeinnützige Initiativen prominente und hoch angesehene Personen zu engagieren, die für ihre Belange werben, z. B. bekannte Schauspielerinnen und professionelle Fußballspieler. Erfahrungen zeigen, dass sie eher nachgeahmt werden als die helfenden Normalbürgerinnen und Normalbürger. Des Weiteren ist die *Ähnlichkeit* zwischen dem Modell und der potenziellen Nachahmerin oder dem potenziellen Nachahmer bedeutsam. Man hilft eher, wenn jemand aus dem engeren Bezugskreis auch schon geholfen hat. Je intensiver und emotionaler die Beziehung zwischen der potenziell helfenden Person und dem Modell ist, desto wahrscheinlicher ist es, dass das prosoziale (oder ebenfalls antisoziale) Verhalten des Modells nachgeahmt wird.

Zugleich spielt die *Erfolgserwartung* eine große Rolle, denn auch sie steigert die Wahrscheinlichkeit der Nachahmung. Ist das Handeln des Modells erfolgreich, verhält man sich genauso, wie dieses Modell. Das nennt sich stellvertretende Verstärkung.

Pass (1983) stellte fest, dass Menschen davon profitieren, wenn sie andere Menschen beobachten, die in extremen Notlagen die richtigen Entscheidungen treffen. Hier setzen eine **stellvertretende Verstärkung** (vgl. Kap. 2) und somit auch ein Lernprozess ein. Das führt dazu, dass das Vertrauen in die eigenen Fähigkeiten steigt. Man ist bereit zu glauben, dass man die Krise ebenfalls meistern könnte. Gleichzeitig werden Emotionen geweckt und emphatische Reaktionen ausgelöst. So können Bilder und Berichte vom Erdbeben in einem fernen Land ungeahnte Hilfsbereitschaft stimulieren. Die Helfenden reagieren so, als wenn sie selbst betroffen wären. Dabei werden eigens erlebte schmerzliche Erfahrungen aktualisiert: Man ist fähig sich vorzustellen, wie es den Betroffenen in ihrer schrecklichen Lage geht.

Offensichtlich wird das autobiografische Gedächtnis der Menschen angesichts von Notlagen und Tragödien anderer Menschen aktualisiert. Man speichert diese ‚historische‘ Erfahrung, sodass eine Lerngeschichte entsteht, die das künftige Verhalten beeinflussen kann. Dadurch wird auch die Empathie-Fähigkeit unterstützt. Man ist bei künftigen Vorkommnissen eher bereit zu helfen (Pass, 1983).

2.3 Empathie und Emotionen

Viele Publikationen befassen sich mit der Beziehung zwischen **Empathie** und Helfen (Batson & Shaw, 2009). Wenn sich Menschen *in ihre Mitmenschen hineinversetzen* können, verstehen sie auch deren Nöte und sind bereit zu helfen. Das ist Empathie. Sie erleichtert es den potenziell helfenden Personen zu erkennen, dass Hilfe angebracht ist, weil irgendeine Notlage vorhanden ist oder weil ein besonderer Bedarf an Hilfe und Unterstützung besteht.

Die Aufmerksamkeit für die Notlage ist jedenfalls stärker, wenn sich eine Person in die betroffene Person hineinversetzen und mit ihr mitfühlen kann. Das bestätigten Batson und sein Team in empirischen Versuchen (Batson & Shaw, 2009). Sie erkannten, dass in den Situationen, in denen Menschen ein sehr geringes Maß an Empathie besaßen, von ihnen *nur dann geholfen* wurde, wenn es für sie echt schwierig war (d. h., wenn es für sie mit hohen Kosten verbunden war). Das ist der Unterschied zu einer Situation mit einer hohen Empathie, in der geholfen wurde, unabhängig davon, welche Probleme und Belastungen (Kosten) für die helfende Person erwuchsen. Die Frage der Kosten spielt in Verbindung mit der hohen Empathie also keine Rolle. Im Fall der niedrigen oder fehlenden Empathie sind hohe Kosten dem Hilfeverhalten merkwürdigerweise förderlich.

Auf der Basis solcher Erkenntnisse formulierten Batson und seine Kolleginnen und Kollegen die sogenannte *Empathie-Altruismus-Hypothese* (Batson & Shaw, 2009). Sie besagt, dass Menschen dazu tendieren zu helfen, wenn sie ein bestimmtes Maß an Empathie empfinden. Helfen Menschen ohne Empathie, so ist die

2

Erwartung negativer Konsequenzen entscheidend. Solche Konsequenzen will man unbedingt vermeiden. Forscherinnen und Forscher erkannten beispielsweise, dass Zeuginnen und Zeugen in bestimmten Notfallsituationen nur pro Forma helfen, um eine Art Unbehagen (Personal Distress) zu vermeiden. Es ist ihnen egal, ob ihre Hilfe wirksam ist oder nicht.

Einen wichtigen Antrieb für das Helfen stellen *Schuldgefühle* dar. Sie wecken das Bedürfnis nach einem Ausgleich (Berkowitz & Connor, 1966), der durch die Hilfegewährung erreicht werden kann. Aber auch Schuldgefühle begünstigen die Hilfsbereitschaft nicht automatisch. Sie können sich negativ auf das Selbstwertgefühl potenziell helfender Personen auswirken, eine Konsequenz, die zum Vermeidungsverhalten führen kann. Außerdem mindern sie das Gefühl der eigenen Kompetenz wirksame Hilfe zu leisten. Wenn das Schuldgefühl zu einer Verpflichtung führt (Du solltest unbedingt helfen, weil Du an der Misere mitschuldig bist!), kann es die Hilfeleistung verhindern. Hier spielt die sogenannte *Reaktanz* eine Rolle, die an einer anderen Stelle erläutert wird. Zu viel Druck und Zwang minimieren die Bereitschaft zum prosozialen Verhalten.

2.4 Egoisten helfen doch

Bislang befassten wir uns in diesem Kapitel mit vorwiegend mit hilfswilligen Menschen, also mit Altruistinnen und Altruisten. Für sie ist ein Verhalten typisch, das anderen Menschen Nutzen bringen kann, und zwar ohne, dass sie eine Belohnungen von außen (extrinsische Belohnung) erwarten.

Aber was ist mit den Menschen, die sich um das Wohl anderer herzlich wenig kümmern, sondern hauptsächlich auf das eigene Wohl bedacht sind? Sie gelten als **Egoistinnen und Egoisten.** Ihr Handeln ist vom selbstbezogenen Interesse geleitet, während die Altruistinnen und Altruisten um das Wohl ihrer Mitmenschen bemüht sind und dadurch, dass sie bereit sind, Verpflichtungen gegenüber anderen Personen zu übernehmen.

Es muss jedoch kritisch gefragt werden: „Sind Altruisten und Egoisten tatsächlich unterschiedliche Menschen?" Untersuchungen der Phänomene Altruismus und Egoismus zeigen, dass man auf diese Frage nicht mit einem einfachen „ja" antworten darf. Die Sicherstellung des eigenen Wohls ist nämlich oft nicht möglich, wenn man nicht auch für Andere oder die Gemeinschaft etwas tut. Man muss bestimmte Anstrengungen auf sich nehmen und etwas tun, um sich (am Ende) wohlzufühlen. Diese Anstrengung kann durchaus eine Aktivität beinhalten, die einer Hilfeleistung nahekommt. Das zeigt unser nachfolgendes Beispiel.

▶ **Beispiel**

Marina will zum Tanzen gehen. Sie fühlt sich glücklich, wenn sie einen Club mit Musik und Tanz besuchen und dort Leute kennenlernen kann. Aber sie will nicht ganz alleine hingehen. Normalerweise gehen sie zu zweit, sie und Sarah. Die ist jedoch zurzeit verhindert, weil es ihr nicht gelungen ist, eine Babysitterin für ihr Baby zu finden. Marina

muss mitsuchen, um für sich das schöne Wohlfühlerlebnis des Clubbesuchs zu erreichen. Sie hilft mit der Suche nach jemandem, die/der das Kind ihrer Freundin beauf-
sichtigen könnte, während sie in einen Club zum Tanzen geht. Diese Art von Hilfeleistung aus egoistischen Gründen ist das Wesen des psychologischen Egoismus. ◄

Egoismus und Altruismus sind eher ein Paar, denn ein Gegensatz. Der Egois-
mus-/Altruismusforscher Daniel Batson zeigte, dass ein schlechtes Gewissen ein
häufiger Beweggrund für eine Hilfeleistung ist (Batson, 2011). Wenn in unserem
Beispiel doch gar kein Babysitter gefunden wäre und Marina doch tanzen ginge,
würde sie sich zwar im Club prächtig amüsieren, aber ein Quäntchen schlechten Gewissens würde sich doch bei ihr einschleichen, und zwar umso mehr, umso
schöner es im Club ist. Die arme Sara muss zu Hause sitzen. Seit sie das Baby
hat, kommt sie so gut wie nie raus!

Um sich wohlzufühlen, müssen sich Menschen vom schlechten Gewissen befreien. Das gelingt ihnen, wenn sie Hilfe leisten: Damit minimiert sich die Differenz zwischen der egoistischen und altruistischen Person. Folglich unterscheidet
sich das Verhalten der Altruisten und Egoisten nicht erheblich, doch die **Motive**
des egoistischen und altruistischen Handelns sind unterschiedlich (Krebs, 1991). Insbesondere die Konsequenzen des altruistischen und egoistischen Verhaltens sind
oft fast identisch, doch handeln egoistische Menschen und altruistische Menschen aus unterschiedlichen Beweggründen und Motiven (Hunt, 1992).

Allerdings haben die Motive altruistischer Personen oft eine moralische, normative Basis (vgl. ▶ Abschn. 2.2.1). Aus dieser ergibt sich auch ein egoistisches
Motiv: „Ich halte mich an die Normen der Gemeinschaft, ergo bin ich ein guter,
moralischer Mensch, auf den Mann sich verlassen kann!"

Exkurs: Altruismus

Die Blütezeit der Erörterung moralischer Aspekte des Altruismus und
Egoismus war das 19. Jahrhundert. Be-
deutsame Belege dafür bieten die Werke
des französischen Philosophen und Re-
ligionskritiker Auguste Comte (1798–
1857), der als Schöpfer des Begriffs Altruismus gilt. Auguste Comte war ein
Positivist. Entsprechend vertrat er die
Ansicht, dass das Wissen (wir würden
heute sagen „wissenschaftliches Wissen") von Erkenntnissen über tatsächliche, beobachtbare, wahrnehmbare und
überprüfbare Phänomene gespeist wird.
Dieses positivistische Denken stand
im Gegensatz zur spekulativen Annäherung an die Welt und Menschen,
die sich seit dem Mittelalter in der Philosophie noch hielt.

Nach Auguste Comte war der Begriff Altruismus ein Gegenbegriff zum
Egoismus. Er betrachtete den Altruismus als eine absichtliche Verhaltensweise eines Individuums zu Gunsten
eines anderen Individuums. Die Kosten dieser Verhaltensweise übersteigen das Nutzen. Ein Egoist wäre jedoch darauf bedacht, die eigenen
Kosten niedrig und den Eigennutz
hochzuhalten. Comtes Betrachtungsweise ging damals in die frisch gegrün-
dete Soziologie ein, an deren Begründ-
ung Auguste Comte maßgeblich mitge-
wirkt hat. In der Soziologie entstand

2

eine Art Typologie des Altruismus. Darin finden sich:

- **Der moralische Altruismus** mit Handelnden, die sich an moralischen Normen orientieren (vgl. ▶ Abschn. 1.2.2). Der moralische Altruismus ist die Grundlage der Gerechtigkeit in der Gesellschaft. Diese Maxime ist zugleich die Grundlage der demokratischen Gesellschaft. Die Diskussion über die Gerechtigkeit und Handeln aus moralischen Beweggründen ist gerade in gegenwärtig hoch aktuell, weil dieses klassische Verständnis und die altruistischen Normen manchen gesellschaftlichen Gruppen (auch Parteien) anscheinend tendenziell abhandengekommen sind. Die Norm, sich für Menschen einzusetzen, die ungerecht behandelt werden und/oder in schlechten Verhältnissen leben, schein keine allgemeine Geltung zu haben. Es wird bezweifelt, ob man von den Menschen der solidarische Verzicht auf eigene Privilegien fordern kann oder in welchem Kontext die Generationssolidarität ihre Bedeutung noch haben soll. Diese Unsicherheiten kamen im Kontext der Coronapandemie besonders deutlich hervor.
- **Der Sympathiealtruismus** ist das Handeln aus eigenem Wohlwollen, speziell dann, wenn sie anderen Menschen Freude machen wollen.

Man hilft auch dann, wenn es nicht erwartet wird. Man tut es freiwillig, um anderen Menschen etwas Glück zu bringen.

- **Der Rationale Altruismus** bedeutet, dass man eigentlich im Eigeninteresse handelt. Deutschland spendet Impfdosen für einen anderen Staat, damit die Leute dort nicht ansteckend sind, was und die Ansteckung nicht hierher übertragen. Das gleiche kann auch auf der individuellen Ebene erfolgen. Ich spende Computers für eine Schulklasse, damit alle Kinder sie nutzen können und damit der Unterricht für mein Kind ungestört verlaufen kann. Hier zeigt sich, dass sich die Rationalität des Altruismus von der des Egoismus kaum unterscheidet.
- **Der Selbstverwirklichungs-Altruismus:** Das altruistische Handeln dient dem Selbstverwirklichungsstreben. Der Psychologe Wolfgang Schmidbauer beschreib dieses Phänomen als ein unprofessionelles Handeln der Helferprofessionen in seinem Buch „Der Helfersyndrom". Er zeigt darin, wie Helferberufe vom Helfen und dem altruistischen Ideal richtig abhängig werden, was zu Lasten derjenigen geht, denen eigentlich geholfen werden sollte (Schmidbauer, 2007). Diese Form wird oft auch **Pathologischer Altruismus** bezeichnet.

Der Sozialpsychologie Robert B. Cialdini (2008) wies darauf hin, dass beim Altruismus und Egoismus multiple Motive wirksam sind. Das nannten die Altruismus-Forschenden Daniel Batson und Laura Shaw **„Pluralität der Motive"** (Batson & Shaw, 2009). Ein Ausgangspunkt des Helfens ist häufig eine persönlich unangenehme Erfahrung, die wir machen, wenn wir Menschen leiden sehen, egal, aus welchen Gründen, ob sie nun akute Schmerzen haben, an Hunger leiden, ihr Obdach verlieren oder – wie in der Corona Krise – ihre Lieben nicht besuchen durften. Wir selbst haben keinen Grund zu leiden (uns geht es gut), jedoch leiden wir *stellvertretend*. Wir helfen wegen dieser **stellvertretenden Erfahrung,** die von Robert B. Cialdini et al., (1987) **Erfahrung zweiter Ordnung** bezeichnet wurde. Der Wissenschaftler war überzeugt, dass Menschen in solchen Situationen helfen, in denen sie andere leiden sehen, um den empfundenen Druck zu reduzieren. Dieser Druck erzeugt eine psychische Belastung. Er ist das Ergebnis der Konfrontation mit dem Leiden anderer, die durch Hilfeleistung verringert werden kann. Dieser Erklärungsansatz von Cialdini heißt *Modell des Abbaus der negativen Stimmung* (Cialdini, et al. 1987). Ein wesentliches Element ist die Annahme, dass es ein *angeborener* Trieb ist, der zum Belastungsausgleich führt. Wenn Menschen helfen, fühlen sie sich wohl und zufrieden. Nicht zuletzt heißt es auch im Volksmund, dass „Hilfe zu geben" angenehmer ist als „Hilfe zu empfangen".

Es wird deutlich: Auch *egoistische Menschen* helfen ihren Mitmenschen, obwohl sie in erster Linie an eigenem Wohlbefinden interessiert sind. Sie tun es, um nicht mitansehen zu müssen, wie ihre Mitmenschen leiden. Sie *tun es also für sich*. Sie geben eine affektive Antwort auf Schmerzen, Not und Leiden anderer Personen. Die *stellvertretenden emotionalen Erfahrungen* sind häufige Auslöser des helfenden Verhaltens, ungeachtet dessen, ob bei der helfenden Person ansonsten egoistische oder altruistische Beweggrunde überwiegen.

Den Annahmen von Cialdini widersprechen empirische Arbeiten, in denen untersucht wurde, ob Versuchspersonen unterschiedlich reagieren, wenn sie eine prekäre Situation *beobachten* oder wenn sie sich diese aufgrund von Berichten lediglich *vorstellen*. Die Vorstellung der Not – so wurde angenommen – ist mit negativen Gefühlen verbunden, was bei der Beobachtung nicht der Fall sein muss (Levine & Manning, 2014, S. 365).

Ein anderer Ansatz erklärt den Altruismus und seine Beziehung zum eigenen Wohlbefinden, also zu egoistischen Motiven mit dem Konzept des *normativen Disstress*. Der negative Stress ist die Stressbelastung, unter der Menschen leiden. Er ist negativ. Das Konzept des negativen Stresses wurde angesichts des beruflichen Handelns von Gesundheitsprofessionen (speziell Pflegekräften) bereits vor rund 50 Jahren entwickelt (McCarthy & Gastmans, 2015). Es beschreibt psychologisches, emotionales und sogar körperliches Leiden angesichts der Widersprüchlichkeit zwischen Handlungsanforderungen (z. B. professionellen oder moralischen Standards) und den alltäglichen institutionellen Bedingungen (z. B. Zeitvorgaben in der Pflege), welche das Einhalten der Standards nicht zulassen. Das Konzept des normativen Disstress wird heute in verschiedenen Situationen (z. B. im Wirtschaftsleben) verwendet und es gibt Skalen zu seiner Messung (z. B. bei Hinz, et al., 2019).

Bereits Mitte des zwanzigsten Jahrhunderts wurde die Theorie der sozialen Verantwortung formuliert (Berkowitz & Connor, 1966). Sie basierte auf der Annahme, dass eine soziale Norm existiert, die ein helfendes Verhalten für bestimmte Situationen zwingend vorschreibt. Die Verweigerung der Übernahme sozialer Verantwortung sollte in der Gesellschaft negativ sanktioniert und mit sozialer Anerkennung gratifiziert. Es gibt aber auch rein emotionale Gründe für das altruistische Verhalten, z. B. Mitleid. Hilfe kann die Stimmungslage verbessern, während die Hilfeverweigerung eine traurige Stimmungslage erzeugt, zumindest

2

bei „normal sozialisierten Menschen, die kein abweichendes Verhalten aufweisen und über Empathie verfügen.

Batson und Shaw erinnern uns daran, dass wir die Empathie für altruistisch halten (Batson & Shaw, 2009). Grundsätzlich ist die Empathie altruistisch. Die Empathie erzeugt so etwas wie den Wunsch zu helfen. Aber die empirische Literatur zeigt, dass auch egoistische Motive am Werk sind. Wenn es tatsächlich Disstress ist, der das helfende Verhalten auslöst, dann kann man nicht sagen, dass hier altruistisch gehandelt wurde. Die Tatsache, dass wir stellvertretend Leiden, wenn wir Leute sehen, die leiden. Wir helfen uns selbst und damit ist es ein egoistisches Motiv.

2.5 Sind sozial isolierte und benachteiligte Personen die besseren Helferinnen und Helfer?

Wer kennt nicht die Filme mit einer Story wie dieser: Ein Mensch – ein Eigenbrötler – wird von anderen Leuten gemieden oder benachteiligt. Doch in einer Krisensituation, bei einem Unglück oder schlimmen Naturereignis ist es gerade er, der ohne Zögern hilft und jemanden rettet, vorzugsweise ein Kind. Alle sind gerührt und sehen ihren Fehler ein. Sie haben diesen Eigenbrötler zu Unrecht unterschätzt und gemieden. Die Moral von der Geschichte: Gerade diese isolierten, vernachlässigten Menschen haben ein besonders gutes Herz, sie sind die Besten und Hilfsbereitesten von allen.

Aber wie ist es in der Lebenswirklichkeit? Besteht bei sozial Ausgeschlossenen tatsächlich eine höhere Wahrscheinlichkeit, dass sie ausgesprochen prosozial handeln? In den vorangehenden Kapiteln erfuhren Sie bereits, dass Helferinnen und Helfer oft allen möglichen Risiken ausgesetzt sind und mit persönlichen Kosten rechnen müssen. Diese werden von den Austausch-Theorien in Betracht gezogen. Die Austausch-Theorien betonen zugleich die Bedeutung des Nutzens beziehungsweise des Ertrags und des persönlichen Gewinns für das potenziell helfende Individuum. Wir haben wiederholt erklärt, dass es sich nicht um einen materiellen Ertrag handeln muss. Häufig zeigt sich der Ertrag erst mittel- oder langfristig, so zum Beispiel, wenn Helferinnen und Helfer von ihrer Bezugsgruppe eine soziale Anerkennung erhalten und zunehmend gemocht werden. In vielen Fällen sind Helferinnen und Helfer die **späten** Gewinnerinnen und Gewinner der prosozialen Situation. Das prosoziale Verhalten ähnelt einer **verzögerten Belohnung**: Der Vorteil zahlt sich später aus. Wenn aber die „Belohnung" insgesamt als unwahrscheinlich erscheint und wenn sich die eigentlich gesellschaftlich vernachlässigten Individuen nicht darauf verlassen können, diese tatsächlich zu bekommen, ist ihre Hilfsbereitschaft eher **gering** ausgeprägt (Mischel, 1974).

Da Menschen soziale Wesen sind, die von anderen gemocht werden wollen und die sich (bis auf wenige Ausnahmen) nicht freiwillig von anderen separieren, praktizieren sie prosoziale Handlungen, weil sie spüren und erkennen, dass diese das Zusammenleben begünstigen. Die meisten Kulturen ermutigen die Mitglieder ihrer Gemeinschaft, sozial und prosozial zu handeln (Twenge et al., 2007).

Aber wenn sich Menschen ausgeschlossen fühlen, ist ihre Neigung zu prosozialen Aktivitäten minimal oder nicht vorhanden. Es gibt sehr viele Korrelationsstudien mit Kindern und Erwachsenen, die zeigen, dass sich zurückgewiesene Personen als weniger hilfsbereit erweisen als die allgemein beliebten Mädchen/Frauen und Jungs/Männer (Twenge et al., 2007, S. 56). Es kann an der Motivation liegen. Eine weitere Annahme besteht darin, dass die soziale Zurückweisung offenbar stressverursachend ist. Die Person, die sich nicht angenommen fühlt, muss sich mit dieser Stressbelastung, die auf sie bedrohlich wirkt, auseinandersetzen, statt sich um andere zu kümmern. Zurückgewiesene Kinder erleben ihre Umwelt als feindschaftlich.

Diese Feststellung könnte zu der Annahme führen, dass das reduzierte prosoziale Verhalten und eine niedrige Empathie die Zurückweisung zusätzlich verstärken. Forschungsmäßig konnte diese Annahme jedoch nicht bestätigt werden. Es konnte aber auch nicht nachgewiesen werden, dass ein emotionaler Distress irgendwelche Verhaltenskonsequenzen hat. Das bedeutet: Der emotionale Distress – falls er bei der Zurückweisung entsteht – hat offenbar keine direkten Verhaltenskonsequenzen (Buckley et al., 2004), die sich in der Form des Unterlassens prosozialer Handlungen äußern würden. Das zumindest wurde in Laborsituationen festgestellt. Durch eine Zurückweisung werden jedoch Emotionen unterdrückt (DeWall & Baumeister, 2006). Aber Menschen benötigen Emotionen, um andere Menschen zu verstehen und ihnen helfen zu wollen. Wenn Emotionen unterdrückt werden, wird die Tendenz zu prosozialen Taten ebenfalls unterdrückt. Zusätzlich geht es um Empathie, die ebenso ein entscheidender Faktor für das prosoziale Verhalten ist (Batson, 1991). Wenn die Emotionen der zurückgewiesenen und ausgeschlossenen Person „heruntergefahren" sind, kann sich diese Person nicht in Andere hineinversetzen. Sie weist einen Mangel an Empathie auf.

Dieser Zustand verringert die Hilfebereitschaft. Das zeigte sich sowohl in Experimenten mit einem „spontanen Helfen" als auch in Versuchen, in denen die zurückgewiesenen Personen direkt um Hilfe gebeten wurden (Twenge et al., 2007). Der entscheidende **Faktor war die reduzierte Empathie, die ein egoistisches Verhalten verstärkte.** Personen, die aus der Gemeinschaft ausgeschlossen werden, können auf Notlagen und Hilfebedarf anderer Menschen sogar **mit Aggression reagieren** (Buckley et al., 2004). Es gibt aber Hinweise, dass das eher auf Männer, jedoch nicht auf Frauen zutrifft (Williams & Sommer, 1997). Maner et al., (2007) fanden heraus, dass bei den meisten Menschen der Wunsch existiert, die Zurückweisung aufzuheben und die soziale Zugehörigkeit zu verbessern. Treffen sie auf kooperationsbereite Partnerinnen und Partner, erweisen sie sich tatsächlich als außerordentlich kooperativ. Fest steht jedoch, dass eine soziale Zurückweisung sowie Diskriminierung emotionale Folgen haben: Die Psyche verteidigt sich gegen den emotionalen Disstress, der innerpsychisch entsteht, wenn eine Person zurückgewiesen, vernachlässigt oder gemobbt wird. Damit geht zugleich die Empathie-Fähigkeit verloren – mindestens für die Zeit, während der sich die Person zurückgewiesen, vernachlässigt oder gemobbt fühlt. Eine Person, die wenig oder keine Empathie empfindet, verliert die Neigung, anderen zu helfen.

2

Fazit: Die anfangs beschriebene Situation, die in Filmen und Romanen so beliebt ist, gehört eher in die Welt romantischer Vorstellungen als in die Lebenswirklichkeit.

2.6 Das sogenannte Helfersyndrom und andere negative Aspekte des Helfens

Frühe Arbeiten und Abhandlungen zum Thema *prosoziales Verhalten* und speziell zum *Helfen* stellen das Postulat auf, dass diese Verhaltensweisen immer positiv sind. In der jüngeren Zeit wiesen Forscherinnen und Forscher auf den Umstand hin, dass das Helfen auch negative Konsequenzen haben kann – sowohl für die Hilfeempfängerinnen und Hilfeempfänger als auch für die Helferinnen und Helfer. In Deutschland wurde vor einem Jahrzehnt das Buch des Therapeuten Wolfgang Schmidbauer *Das Helfersyndrom. Hilfe für Helfer* populär (Schmidbauer, 2007). Der Autor behandelt ein Phänomen, das bei helfenden und therapeutischen Berufen auftreten kann, wenn sich die Person nicht von ihrer Arbeit distanzieren kann. Für diese Personengruppe werden die Empfängerinnen und Empfänger ihrer Hilfe mit fortschreitender Dauer der Hilfebeziehung unentbehrlich. Sie sind auf ihre Helferrolle regelrecht *fixiert*. Die Hilfsbereitschaft zeigt ungesunde Züge und geht auf Kosten beider Seiten. Die Helfenden beginnen ihre eigenen Verpflichtungen, soziale Beziehungen, Gesundheit etc. zu vernachlässigen. Sie missbrauchen die Hilfeempfangenden dahingehend, dass sie sie in Abhängigkeit halten. Sie vereiteln jegliche Emanzipationsversuche und benutzen die Hilfeempfangenden als Ersatz für die eigenen sozialen Beziehungen, die sie sukzessive eingebüßt haben. Sie sind überzeugt, dass nur sie selbst helfen können. Vom Helfersyndrom sind besonders depressive Personen, Menschen, die ein schwaches Selbstwertgefühl haben, Borderline-Personen und emotional-instabile Menschen betroffen.

❓ Fragen

1. In welchem Zusammenhang haben Sie bereits den Namen Kitty Genovese gehört? Welche Konsequenzen hatte das Ereignis, das ihr widerfahren ist, für die sozialpsychologische Forschung?
2. Wie werden die Zuschauerinnen oder Zuschauer eines Notfalls (Unfalls) genannt, die zwar vor Ort sind, aber nicht helfend eingreifen?
3. Welche Normen sind für das helfende Verhalten ausschlaggebend?
4. Bitte erläutern Sie den Begriff ‚Helfersyndrom‘.
5. Eine sozialpsychologische Theorie erläutert die Hilfsbereitschaft und das helfende Verhalten als einen Problemlösungsprozess. Die Grundlage dafür ist auf das Modell der Bewältigung einer Stresssituation, das von Richard Lazarus (1981) entwickelt und in drei Stufen aufgeteilt wurde. Beschreiben Sie bitte diese Stufen.
6. Waren Sie schon Mal in einer Situation, in der Sie **nicht halfen,** weil die (immateriellen) „Kosten" Ihnen als zu hoch erschienen sind? Erzählen Sie uns kurz über diese Situation.

Und waren Sie schon mal in einer Situation, in der Sie **halfen,** obwohl Sie es nicht wollten, weil Ihnen die (immateriellen) Kosten der Hilfeverweigerung als zu hoch erschienen sind? Erzählen Sie uns kurz über diese Situation.

7. Erläutern Sie bitte die Begriffe „Altruismus" und „Egoismus". Sind diese Begriffe vollkommen gegensätzlich?

8. Erklären Sie bitte, was *stellvertretende emotionale Erfahrungen* sind und welche Funktion sie haben.

9. C. Daniel Batson und Laura Shaw formulierten die sogenannte *Empathie-Altruismus-Hypothese* (Batson & Shaw, 2009). Was besagt diese Hypothese?

✅ Antworten

1. Kitty Genovese aus New York City wurde vom einem Mann überfallen, der auf sie mehrmals eingestochen, und sie schließlich getötet hat. Nicht nur dieses Ereignis, sondern vielmehr die Tatsache, dass niemand von den vielen anwesenden Zeugen des Vorfalls Kitty zur Hilfe kam, erschütterte die Öffentlichkeit. Die Frage, warum niemand half, gab Anstoß zu verschiedenen sozialpsychologischen Untersuchungen der Thematik Hilfsbereitschaft und Hilfeverhalten. Diese Geschichte findet sich in fast allen Lehrbüchern der Sozialpsychologie.

2. Das sind die *unresponsive Bystanders,* auf Deutsch die teilnahmslosen Zeugen oder auch Gaffer.

3. Es sind in erster Linie die sozialen Normen, die für einen bestimmten soziokulturellen Kontext gelten. Aber ebenso wichtig sind die persönlichen Normen, die über die individuelle Bereitschaft sich helfend verhalten, bestimmen.

4. Mit dem Begriff Helfersyndrom bezeichnete Wolfgang Schmidbauer (2007) eine negative Begleiterscheinung des helfenden Verhaltens, die häufig bei sozialen Berufen und manchmal Gesundheitsberufen auftritt. Die helfende Person ist nicht in der Lage, sich von ihrer Tätigkeit und ihren Klientinnen/Klienten zu distanzieren: Sie wird von diesen buchstäblich abhängig.

5. Die Stufen sind:

   1. Primäre Einschätzung der Situation, ob sich diese als stressverursachend herauszustellen droht. Diese Einschätzung wiederholt sich mehrmals und wird an eine eventuelle Situationsänderung angepasst.

   2. Die sekundäre Einschätzung dient dazu festzustellen, ob die Situation so relevant ist, dass das Individuum entscheiden muss, ob es in der Lage wäre, diese Situation mit seinen vorhandenen Ressourcen und Kompetenzen zu bewältigen. Die sekundäre Einschätzung Bewertung eigener Bewältigungsmöglichkeiten löst die Suche nach Informationen, die Aktionshemmung oder Aktionsenthemmung und Aktionen aus.

   3. Die Bewertung von Wirksamkeit der Bewältigungsversuche. Möglicherweise erfordert diese, dass man die erste und zweite Stufe wiederholt. Das ist eine Feedbackschleife.

6. Diese Aufgabe müssen Sie allein bewältigen.

7. Egoismus = Handeln zum eigenen Wohle. Altruismus = Handeln zum Wohle anderer Individuen oder der Gemeinschaft. Egoismus und Altruismus sind eher ein Paar, denn ein Gegensatz (Batson, 2011). Die Konsequenzen sind oft

2

identisch. Das altruistische und egoistische Handeln erfolgt jedoch aus unterschiedlichen Beweggründen und Motiven (Hunt, 1992).

8. Die stellvertretenden emotionalen Erfahrungen entstehen, wenn wir andere Menschen leiden sehen, ohne jedoch selbst zu leiden. Sie werden als Druck und negative Stimmung empfunden. Um diese Gefühle nicht zu haben, sind Menschen zur Hilfe bereit, und zwar unabhängig davon, ob sie sonst altruistische oder egoistische Einstellungen äußern (nach Cialdini, et al., 1987).

9. Die Empathie-Altruismus-Hypothese (Batson & Shaw, 2009) besagt, dass Menschen gewillt sind zu helfen, wenn sie ein bestimmtes Maß an Empathie empfinden. Anders ausgedrückt, wenn sie sich in die Person versetzen können, die ihre Hilfe braucht. Wenn Menschen helfen, ohne sich in die hilfebedürftige Person versetzen zu können (also ohne Empathie), so meistens deshalb, um negative Konsequenzen (Kosten) zu vermeiden.

Zusammenfassung und Fazit

Das Thema dieses Kapitels ist vielfältig. Es geht um Hilfe, helfendes Verhalten und Hilfsbereitschaft. Es gibt viele weitere Bezeichnungen für fast gleiches Verhalten, z. B. Unterstützung und Altruismus. Diese Bezeichnungen werden unter den Oberbegriff prosoziales Verhalten subsumiert. Seit den 1930er Jahren entstanden zahlreiche sozialpsychologische Studien und Experimente, die zu klären versuchen, welche Faktoren das prosoziale Verhalten fördern und umgekehrt, warum Menschen nicht zu Hilfe bereit sind. Es gibt verschiedene Erklärungsansätze, von denen eine Auswahl in diesem Kapitel vorgestellt wird. Da ist der normative Ansatz, der zeigt, dass sich Menschen in ihrem prosozialen Verhalten nach kulturell und gesellschaftlichen verankerten Vorgaben – Normen – richten (Berkowitz, 1973). Andere Gelehrte griffen den vom Stressforscher Richard Lazarus (1981) entwickeltes Modell der Bewältigung von Stress-Situationen auf, und versuchten, es auf den Ablauf der prosozialen (altruistischen) Aktion zu übertragen. Eine weitere Perspektive betrachtet das Helfen als eine ‚Geben und Nehmen"-Beziehung (Thibaut & Kelley, 1959). Menschen helfen, wenn die (eventuell auch immateriellen) Kosten für sie nicht zu hoch sind (Bierhoff, 2009). Sie zeigen aber auch dann eine Neigung zum Helfen, wenn ihnen das Nichthelfen zu hohe Kosten (z. B. Selbstvorwürfe, Peinlichkeit angesichts anderer Menschen, usw.) verursachen würde. Ein weiterer sozialpsychologischer Ansatz betrachtet das prosoziale Verhalten als erlernt. Wenn sich Menschen in ihre Mitmenschen hineinversetzen können, tendieren sie eher zur Hilfeleistung, als wenn sie die Notlage oder Bedürftigkeit des anderen Individuums nicht verstehen können. Die so empfundene Empathie scheint mit dem Altruismus sehr eng verbunden zu sein (Batson & Shaw, 2009). Ebenso ist der Altruismus mit dem Egoismus verbunden, wobei sich Altruismus und Egoismus hauptsächlich in den Motiven unterscheiden, währen ihre Abläufe und Ergebnisse nicht völlig gegensätzlich erscheinen.

Literatur

Bandura, A. (1994). *Lernen am Modell. Ansätze einer sozial-kognitiven Lerntheorie*. Klett.

Batson, C. D. (1991). *The altruistic question: Towards a social-psychological answer*. Erlbaum.

Batson, C. D. (2011). *Altruism in humans*. Oxford University Press.

Batson, C. D. & Shaw (2009). Evidence for altruism: Toward a pluralism of prosocial motives, *Psychological Inquiry Volume* 2, 1991, 2, 107–122, reprint online on 10 Dec 2009, ▶ https://doi. org/10.1207/s15327965pli0202_1.

Berkowitz, L. (1973). Social norms, feelings, and other factors affecting helping and altruism. In L. Berkowitz (Hrsg.), *Advances in Experimental Social Psychology* (Bd. 6, S. 63–108). Academic.

Berkowitz, L., & Connor, W. H. (1966). Success, Failure, and Social Responsibility. *Journal of Personality and Social Psychology, 4,* 464–469.

Bierhoff, H.-W. (2009). *Psychologie prosozialen Verhaltens. Warum wir anderen helfen* (2., vollständig überarbeitete Aufl.). Kohlhammer.

Bierhoff, H.-W., & Montada, L. (Hrsg.). (1988). *Altruismus*. Hogrefe.

Böckler, A., Tusche, A., & Singer, T. (2016). The structure of human prosociality: Differentiating altruistically motivated, norm motivated, strategically motivated and self-reported prosocial behavior. *Social Psychological and Personality Science., 7*(6), 530–541. ▶ https://doi. org/10.1177/1948550616639650

Buckley, K. E., Winkel, R. E., & Leary, M. R. (2004). Reactions to acceptance and rejection: Effects of level and sequence of rational evaluation. *Journal of Experimental Social Psychology, 40*(1), 14–28.

Darley, J. M., & Latané, B. (1968). Bystander Intervention in emergencies. Diffusion of responsibility. *Journal of Personality and Social Psychology, 8,* 377–383.

Cialdini, R. B. (2008). *Influence: Science and practice* (5. Aufl.). Allyn & Bacon.

Cialdini, R. B., Schaller, M., Houlihan, D., Arps, K., Fultz, J., & Beaman, A. L. (1987). Empathy-based helping: Is it selflessly or selfishly motivated? *Journal of Personality and Social Psychology, 52,* 749–758.

Darley, J. M., & Latané, B. (1970). *The unresponsive bystander: Why doesn't he help?* Appleton Century Crofts.

DeWall, C. N., & Baumeister, R. F. (2006). Alone but feeling no pain: Effects of social exclusion on physical pain treshold, affective forecasting, and interpersonal empathy. *Journal of Personality and Social Psychology, 91*(1), 1–15.

Dovidio, J. F., Piliavin, J. A., Schroeder, D. A., & Penner, L. A. (2006). *The social psychology of prosocial behavior*. Erlbaum.

Drury, J., Cocking, C., & Reicher, S. (2009). Everyone for themselves? A comparative study of crowd solidarity among emergency survivors. *British Journal of Social Psychology, 48,* 487–506.

Fischer, P., Asal, K., & Krueger, J. I. (2014). *Sozialpsychologie für Bachelor. Lesen, Hören, Lernen im Web*. Heidelberg: Springer.

Frey, B. S., Savage, D. A., & Torgler, B. (2010). Interaction of natural survival instincts and internalized social norms exploring the Titanic and Lusitania disasters. *Proceedings of the National Academy of Sciences of the United States of America, 107,* 4862–4865.

Garms-Homolová, V. (1987a). Hilfsbereitschaft und Handlungsfähigkeit in Notfallsituationen. Kann man psychische und soziale Barrieren abbauen? *Ambulanz Magazin, 1*(1), 24 – 26.

Garms-Homolová, V. (1987b). *Die Notfallmeldung. Bericht zum Forschungsprojekt 7620 „Analyse und Beurteilung der Notfallrettung in Berlin"*. Bergisch Gladbach: Bundesanstalt für Straßenwesen, Bereich Unfallforschung: Untersuchungen zum Rettungswesen, Bericht 21.

Garms-Homolová & Schaeffer, D. (1988). Probleme der Handlungsbereitschaft und der Kompetenz von Laien in Notfallsituationen. *Das öffentliche Gesundheitswesen, 50*(1), 46–50.

Genet, N., Boerma, W., Kroneman, M., Hutchinson, A. & Saltman, R. B. (Hrsg.) (2013). *Home care across Europe. Case studies. Observatory studies series 27*. European Observatory on Health Systems and Policies.

Gilovich, T., Keltner, D., Chen, S., & Nisbett, R. E. (2016). *Social Psychology* (4. Aufl.). Norton.

2

Hinz, A., Mitchell, A. J., Dégi, C. L., & Mehnert-Theuerkauf, A. (2019). Normative values for the distress thermometer (DT) and the emotion thermometers (ET), derived from a German general population sample. *Quality of Life Research, 28*(1), 277–282. ▶ https://doi.org/10.1007/s11136-018-2014-1

Homans, G. C. (1968). *Elementarformen sozialen Verhaltens.* Westdeutscher Verlag.

Hunt, M. (1992): *Das Rätsel der Nächstenliebe: Der Mensch zwischen Egoismus und Altruismus.* Campus.

Krebs, D. S. (1991). Altruism and egoism: A false dichotomy. *Psychological Inquiry, 2*(2), 137–139.

Lappin, E. (2016). *What language do i dream. In my family's secret history.* Virago Press.

Latané, B. (1970). *The unresponsive bystander: Why doesn't he help? Englewood Cliffs.* New Jersey: Prentice Hall, 1. gebundene Ausgabe – 1. Juni 1970.

Lazarus, R. S. (1981). The stress and coping paradigm. In C. Eisdorfer, V. Cohen, A. Kleinman, & P. Maxim (Hrsg.), *Models for Clinical Psychopathology* (S. 177–214). Spectrum.

Levine, M. & Manning, R. (2014). Prosoziales Verhalten. In K. Jonas, W. Stroebe, & M. Hewstone (Hrsg.), *Sozialpsychologie,* Springer-Lehrbuch, DOI ▶ https://doi.org/10.1007/978-3-642-41091-8_10, © Springer-Verlag Berlin Heidelberg 2014358–399.

Maner, J. K., DeWall, C. N., Baumeister, R. F., & Schaller, M. (2007). Does social exclusion motivate interpersonal reconnection? Resolving the , porcupine problem'. *Journal of Personality and Social Psychology, 92,* 42–55.

McCarthy, J., & Gastmans, C. (2015). Moral distress: A review of the argument-based nursing ethics literature. *Nursing Ethics, 22*(1), 131–152. ▶ https://doi.org/10.1177/0969733014557139

Mischel, W. (1974). Process in delay of gratification. In L. Berkowitz (Hrsg.), *Advances in experimental social psychology* (S. 249–292). Academic.

Pass, H. (1983). Nachahmung von verbal übermittelten Modellen aggressiver und prosozialer Interaktionen. Eine experimentelle Analyse. *Psychologie in Erziehung und Unterricht, 30,* 40–45.

Proulx, G., & Fahy, R. F. (2003, October). *Evacuation of the World Trade Center: What went right?* Paper presented at the Proceedings of the CIB-CTBUH International Conference on Tall Buildings, Malaysia.

Rushton, J. P., & Campbell, A. C. (1977). Modeling, vicarious reinforcement, and extraversion on blood donating in adults: Immediate and long-term effects. *European Journal of Social Psychology, 7,* 297–306.

Schmidbauer, W. (2007). *Das Helfersyndrom. Hilfe für Helfer.* Rowohlt.

Schneider, H.-D. (1988). Helfen als Problemlösungsprozess. In H.-W. Bierhoff & L. Montada (Hrsg.). *Altruismus. Bedingungen der Hilfsbereitschaft* (S. 7–35). Hogrefe.

Schwartz, S. H. (1968). Words, deeds, and perception of consequences and responsibility in action situations. *Journal of Personality and Social Psychology, 10,* 232–242.

Schwartz, S. H. (1970). Moral Decision Making and helping Behavior. In Macaulay, J. & Berkowitz, L. (Eds.). *Altruism and helping Behavior* (p. 127–141). New York: Academic Press.

Schwartz, S. H. (1973). Normative explanation of helping behavior. A critique, proposal, and empirical test. *Journal of Experimental Social Psychology, 9,* 349–364.

Schwartz, S. H., & Howard, J. A. (1982). Helping and cooperation: A self-based motivation model. In V. J. Derlega & J. Grzelak (Hrsg.), *Cooperation and Helping Behavior* (S. 327–353). Academic.

Thibaut, J. W., & Kelley, H. H. (1959). *The social psychology of groups.* Wiley.

Twenge, J. M., Baumeister, R. F., DeWall, C. N., Ciarocco, N. J., & Bartels, J. M. (2007). Social exclusion decreases prosocial behavior. *Journal of Personality and Social Psychology, 92*(1), 56–66. ▶ https://doi.org/10.1037/0022-3514.92.1.56

Walster, E., Walster, G. W., & Berscheid, D. (1978). *Equity: Theory and research.* Allyn & Bacon.

Williams, K. D., & Sommer, K. L. (1997). Social ostracism by coworkers: Does rejection lead to loafing or compensation? *Personality and Social Psychology Bulletin, 23*(7), 693–706.

Aggression und Gewalt

Inhaltsverzeichnis

© Springer-Verlag GmbH Deutschland, ein Teil von Springer Nature 2022
V. Garms-Homolová, *Sozialpsychologie der Zuneigung, Aufopferung und Gewalt*,
Psychologie für Studium und Beruf, https://doi.org/10.1007/978-3-662-64355-6_3

*Die Ausführungen in diesem Kapitel basieren teilweise auf dem überarbeiteten
Studienbrief von Garms-Homolová, V. (2017): Zwischen Zuneigung, Aufopferung
und Gewalt. Zwischenmenschlicher Umgang durch die Brille der Sozialpsychologie.
Studienbrief der Hochschule Fresenius online plus GmbH. Idstein: Hochschule Fresenius
online plus GmbH.*

3

Einführung

In diesem Kapitel werden negative Formen des zwischenmenschlichen Umgangs, namentlich Aggression und Gewalt, thematisiert. Zunächst soll eine Begriffsklärung und
Abgrenzung der relevanten Begriffe vorgenommen werden. Nachfolgend werden theoretische Modelle der Entwicklung und Funktionsweise von Aggressivität und Aggression erläutert. Als Drittes wird untersucht, welche *Risikofaktoren* für die Entstehung
von Aggressivität, Aggression und Gewalt in Betracht kommen.
Ähnlich wie das prosoziale Verhalten gehört das aggressive Verhalten zu den zentralen
Merkmalen des menschlichen Miteinanders. Sucht man nach Ursachen, so stellt sich
heraus, dass es sich um ein ausgesprochen komplexes Phänomen handelt. Bei dem Ver-
such zu klären, wie Aggressivität, Aggression und Gewalt entstehen, muss die Wechselwirkung zwischen biologischen (d. h. genetischen, physiologischen und pathologischen), psychoanalytischen, entwicklungs- und sozialpsychologischen, aber auch familiären, soziokulturellen und sozioökonomischen Erklärungskonzepten berücksichtigt
werden.

🞕 **Nach eingehender Lektüre dieses Kapitels …**

- können Sie wichtige Begriffe und Konzepte, z. B. Aggressivität, Aggression und
  Gewalt unterscheiden,
- verstehen Sie die Bedeutung des sozialen Kontextes für die Erklärung der Ursachen von Aggression und Gewalt,
- wissen Sie, dass Gene am Auftreten des aggressiven und gewalttätigen Verhaltens beteiligt sind,
- können Sie die Aggressions-Frustrationshypothese von Dollard et al., (1939)
  vorstellen,
- kennen Sie die Theorien, nach denen das aggressive und gewalttätige Verhalten
  erlernt ist,
- wissen Sie, welche Individuen und Zielgruppen der Aggression und Gewalt ausgesetzt sind,
- benennen und erläutern Sie einige Risikofaktoren für Gewalttaten in der Familie und häuslichem Bereich.

3.1 Begriffsklärung

Wie unterscheiden sich die Begriffe Aggressivität, Aggression, aggressives Verhalten und Gewalt?

- **Aggressivität** wird als individuelle Disposition beziehungsweise als Persönlichkeitsmerkmal betrachtet. Mit dem Begriff Aggressivität bezeichnet man die Neigung und Wahrscheinlichkeit, in bestimmten Situationen aggressiv zu reagieren (Zimbardo & Gerrig, 1999, S. 702). Die Aggressivität wird nach ihrer äußeren Präsentation unterschieden. So gibt es verbale, körperliche, verdeckte und offene Aggressivität, individuelle Aggressivität, Gruppenaggressivität, phantasierte und reale Aggressivität.

- **Aggression** ist eine Handlung, „[…] die mit der Absicht ausgeführt wird, andere psychisch oder physisch zu schädigen" (Zimbardo & Gerrig, 1999, S. 702). Sozialpsychologische Perspektive ergänzt diese Definition durch die Betonung der Interaktion zwischen Individuen, in der sich die Aggression manifestiert. Dabei neigen die aggressiven Personen dazu, ihre Interaktionspartner feindselig zu attribuieren (Tedeschi, 2002). Es gibt verschiedene Arten von Aggression, z. B. Selbstaggression – Fremdaggression, legitime – illegitime (kriminelle) Aggression, spielerische – ernste Aggression und andere Arten. Die direkte, physische Aggression ist die Gewaltanwendung (Bogerts & Möller-Leinkühler, 2013).

- **Aggressorin** oder **Aggressor** ist die Bezeichnung für eine angreifende Person. Interpersonale Aggression tritt nur selten als die Gewalt einer Aggressorin oder eines Aggressors gegenüber einem völlig unbeteiligten Menschen auf. In der Regel sind beide Personen in die Eskalation verwickelt. Die Auswertung von Verhaftungsprotokollen ergab, dass im Zuge von Gewalttaten beide Parteien auf die empfundene Bedrohung ihrer Integrität und ihres Selbstwertgefühls reagierten (Zimbardo & Gerrig, 1999, S. 338). Die Alltagserfahrung zeigt jedoch, dass sich Aggressionen gar nicht so selten gegen Unbeteiligte richten. Fast täglich wird darüber berichtet, dass sich Menschen zueinander zunehmend aggressiver verhalten: in Verkehrsmitteln, in der Schule und im öffentlichen Raum. „Die Aggression in der Gesellschaft steigt." – dieses Statement kann man täglich in den Medien lesen, in Talkshows und politischen Äußerungen hören.

- **Gewalt ist eine starke Aggression,** die in einer sozial nicht akzeptablen Form zum Ausdruck kommt (Zimbardo & Gerrig, 1999, S. 334). In der Regel ist Gewalt die direkte, physische Aggression (Bogerts & Möller-Leinkühler, 2013, S. 1329), aber die Gewaltforschung unterscheidet zwischen psychischer Gewalt, körperlicher Gewalt und sexualisierter Gewalt (Robert Koch Institut, 2008, S. 9).

- **Gewalttätiges Verhalten:** Die Einstufung, ob ein Verhalten als **gewalttätig** aufzufassen ist oder nicht, lässt sich nur im Zusammenhang mit den Kontext entscheiden, in dem es entsteht. Schmutzige Ausdrücke in einer Jugendclique mögen als normal gelten. Im Umgang Erwachsener, z. B. am Arbeitsplatz, würden sie jedoch als Beschimpfungen, das heißt als verbale Aggression aufgefasst, die wahrscheinlich zu einer Strafanzeige führen würde. Wegen der Unterschiedlichkeit der individuellen Bewertung und ebenso aufgrund kultureller Differenzen stehen empirische Studien immer vor der Schwierigkeit, die Aggression und Gewalt zu operationalisieren. Das hat – wie Wissenschaftlerinnen und Wissenschaftler vom Robert Koch Institut meinen – zur Folge, dass sich existierende Studienergebnisse und Statistiken nur schwer miteinander vergleichen lassen (Robert Koch Institut, 2008).

▬ **Aggressiver Attributionsstil** ist die Bezeichnung für eine bestimmte Art der Informationsverarbeitung und Kommunikation, die das aggressive Verhalten bestimmter Personen begünstigt. Diese Personen neigen dazu, anderen Menschen gewohnheitsmäßig feindselige Absichten zu unterstellen (Krahé, 2015). Sie beschuldigen andere Menschen, dass sie absichtlich etwas Schlimmes getan haben, obwohl sie dazu gar keinen Grund hatten. Das kann unter nahestehenden oder auch relativ fremden Personen passieren. So zum Beispiel beschuldig der Ehemann seine Frau, bevor er sie prügelt, dass sie sein Glas zerbrochen hat oder dass er zu Hause kein Bier vorfindet oder dass er an seinem Arbeitsplatz Ärger hatte. Denn tatsächlich besteht ein signifikanter Zusammenhang zwischen dem feindseligen, aggressiven Attributionsstil und den aggressiven bis gewalttätigen Verhalten.

Im weiteren Abschnitt dieses Kapitels werden einige theoretische Erklärungsansätze vorgestellt. Den Ausgangspunkt bilden die Vererbung und biologisch orientierte Theorien. Danach wird die Frustrations-Aggressions-Hypothese (Dollard et al., 1939) präsentiert. Als nächstes werden die Lerntheorien und Bindungstheorien zur Erklärung der Aggression und Gewalt herangezogen. Das Kapitel endet mit der Diskussion der Risikofaktoren zur Entstehung von Aggression und Gewalt.

3.2   Ist Aggression angeboren?

Davon sind viele Menschen überzeugt: „Der hat es im Blut, schon sein Vater war ein Schläger!" Diese Überzeugung hat eine reale Grundlage: zumindest die Prädisposition zur Gewalt scheint genetisch bedingt und somit angeboren zu sein. Das wurde in einer Vielzahl von Studien aufgezeigt. In erster Linie sind hier die Zwillingsstudien zu nennen. Eineiige Zwillinge ähneln sich in ihrer Neigung zu gewalttätigen Handlungen, und zwar auch dann, wenn sie in vollständig unterschiedlichen sozialen Kontexten erzogen wurden, weil einer oder beide Zwillingen von unterschiedlichen Personen adoptiert wurden (z. B. Thogersen et al., 2000, Putkonen et al., 2007).

Die biologischen Grundlagen des aggressiven Verhaltens sind komplex. Zu ihnen gehören die neuronalen Anlagen, konkret die Verbindungen der Nervenzellen und die Ausschüttung der Neurotransmitter Serotonin und Dopamin (Bogerts & Möller-Leimkühler, 2013, S. 1331).

Heute weiß man mehr darüber, wie die Anatomie des Gehirns am Entstehen von Aggressivität und Aggression beteiligt ist. Früher konnte man das nur dann feststellen, wenn Menschen Gehirnverletzungen erlitten haben, wodurch sich die Funktionsweise ihres Gehirns veränderte. Auch Tierexperimente trugen zur Aufdeckung und zum Verstehen der sogenannten *aggressionsrelevanten Strukturen* bei. Mittels der elektrischen Tiefenstimulation aggressionsauslösender Punkte, die vor allem im vorderen medialen Hypothalamus und in lateralen posterialen Hypothalamus lokalisiert sind, konnte man verschiedene wütende Reaktionen, Angriffs- und Verteidigungsreaktionen auslösen (Ploog, 1974). Andere Experimente mit der Stimulation verschiedener Hirnregionen gaben Auskunft über die Funktion, die bestimmte Hirnstrukturen für aggressive Antworten habe (Borgerts & Möller-Leimkühler, 2013).

Die *heutigen bildgebenden Verfahren* (z. B. Magnet Resonanz Tomografie – MRT) eröffnen herausragende Möglichkeiten, auch bei Gesunden die Reaktionen im Gehirn zu studieren. Bei bestimmten Erkrankungen (siehe weiter unten) manifestieren sich oft aggressive Verhaltensauffälligkeiten, etwa bei älteren Personen mit fronto-temporalen Demenzen (Diehl et al., 2006). Die Betroffenen werden entweder verbal aggressiv (z. B. sie beschimpfen und verfluchen ihre Mitpatientinnen und Mitpatienten) oder sie wenden körperliche Gewalt an (sie treten, spucken, beißen und schlagen um sich).

Unter physiologischen Prozessen, die relevant sein können, wird die Ausschüttung von Hormonen diskutiert. Dem Typus *Testosteron-Mann* wird nachgesagt, dass er zur Aggression neigt. Diesbezügliche Studienergebnisse sind jedoch nicht eindeutig (Gilovich et al., 2016).

3.3 Ist das aggressive Verhalten triebgesteuert?

Der Begründer der Psychoanalyse, Sigmund Freud, erklärte die Aggression mit dem Aggressionstrieb, der mit dem Todestrieb (Thanatos) verbunden ist und ähnlich wie der Todestrieb eine destruktive Energie hervorruft (Freud, 2000). Diese Energie muss nach außen gerichtet werden, um Spannungen abzubauen (und nicht die eigene Person zu zerstören). So entsteht die Aggression. Auch die Verhaltensbiologie beziehungsweise die klassische Verhaltensforschung postulieren, dass die aggressive Energie des Individuums von Zeit zu Zeit nach außen abgeführt werden muss, um das Entstehen des *Aggressionsstaus* zu verhindern. In der heutigen Tiefenpsychologie wird die Aggressivität *nicht nur negativ* bewertet. Sie wird auch als eine notwendige Triebkraft des Fortschritts und der Arterhaltung angesehen.

Ungefähr vor vierzig Jahren begannen Wissenschaftlerinnen und Wissenschaftler, die klassische freudianische Erklärung einer grundlegenden Kritik zu unterziehen (Hopf & Schulz, 1998). Die Kritik kam aus den eigenen Reihen, also von Freuds Nachfolgenden, den Neofreudianern. Sie neigten zu der Annahme, dass die Aggressivität in den *Erziehungsdefiziten* begründet ist. Wenn Kinder kein positives Selbstwertgefühl und keine starke Identität von ihren Eltern und frühen Bezugspersonen vermittelt bekommen, werden sie verunsichert. Die Psychoanalytikerinnen und Psychoanalytiker sprechen von einer **narzisstischen Verwundung** und von der **Verunsicherung des Selbst** (Hopf & Schulz, 1998). Narzisstisch verwundete Personen reagieren auf Kränkungen und Kritik aggressiv, weil sie eine weitere *Abwertung* vermeiden wollen und das *idealisierte Selbst* verteidigen müssen (Kohut, 1976). Jedoch können Menschen mit einem schwachen

Selbstwertgefühl die Aggression auch gegen sich selbst richten. Sie empfinden eine Art *Selbsthass*. Der Selbsthass kann aber auch auf andere Menschen projiziert werden. Auf diese Weise entsteht eine *narzisstische Wut* (Hopf & Schulz, 1998). Allerdings kann der Mensch, der ein *negatives Selbstwertgefühl* empfindet, mit einem Rückzug und der *Flucht vor anderen* Personen reagieren.

Die Forschung, die in die psychoanalytischen Tradition gehört, befasst sich auch mit der *lustverursachenden Aggression und Gewalt* (Bogerts & Möller-Leimkühle, 2013). Diese befriedigt narzisstische Bedürfnisse des Individuums und manifestiert sich – im Gruppenkontext – als ein berauschendes Erlebnis. Das gewalttätige Individuum erlebt sich selbst als körperlich überlegen und mächtig. Speziell im Kontext mit Peers ergötzen sich gewalttätige Personen am Schmerz und Leid, die sie anderen Menschen zufügen. Sie suchen einen Aufreger. Beim Untersuchen von Straftaten – etwa dem Anzünden eines Obdachlosen – gaben Jugendliche an, dass sie aus purer Langweile handelten, weil sie nach intensiven Erlebnissen suchten. Samstägliche Schlachten von Hooligans vor oder nach den Fußballspielen finden überwiegend nicht deswegen statt, weil man die Fans der Gegenmannschaft verdrängen will, sondern aus purer Lust am Prügeln und grenzüberschreitender Randale. Häufig reisen Hooligans aus anderen Ländern an, die mit dem aktuellen Fußballmatch nicht zu tun haben: Sie wollen bloß ein hochgradig aufregendes Wochenende erleben. Ihre Handlungsweise hat das Ziel, der Langweile ihres ansonsten trostlosen Alltagslebens zu entkommen. Mit solchen Prozessen befasst sich die sogenannte Mood-Management-Theory (Zillman, 1979). Das Mood-Management nutzt Medien (Filme, Radio) und Musik, u. U. auch Sport, um unerwünschte emotionale Äußerungen – nicht nur die Aggression, sondern auch Angst oder depressive Stimmung – abzumildern (Schramm & Wirth, 2007).

3.4 Frustrations-Aggressions-Hypothese

Die Frustrations-Aggressions-Hypothese gehört zu den klassischen Theorien der Sozialpsychologie. Sie wurde von dem US-Psychologen Dollard und seinen Kollegen formuliert (Dollard et al., 1939). Zentral ist die Annahme, dass *eine Aggression immer durch eine Frustration* verursacht wird: Die Aggression ist die Reaktion auf eine Frustration (also auf eine Enttäuschung und/oder Vorenthaltung der Bedürfnisbefriedigung). In den dreißiger-Jahren des 20. Jahrhunderts war diese Hypothese sehr populär. Seitdem wurde sie erweitert und wird nicht mehr mechanistisch angewendet (Bierhoff & Wagner, 1998). Aber im Alltag werden Erklärungen, die auf der Frustrations-Aggressions-Hypothese basieren, sehr häufig verwendet. Sie sollen die Aggressorinnen und Aggressoren entlasten. So wird behauptet, dass sich der Pegida-Bewegung überwiegend gesellschaftlich frustrierte Menschen angeschlossen haben. Die Anhängerinnen und Anhänger von Pegida werden als Personen dargestellt, die ihre Situation als perspektivlos erleben und das Gefühl haben, benachteiligt zu sein. Es wird ihnen von vielen Menschen aus der Politik und Medien zugestanden, dass sie auf ihre erlebte Benachteiligung dadurch reagieren, dass sie ihre Hemmschwellen verlieren und verbal aggressiv werden, durchaus jedoch auch körperlich aggressiv handeln. Diese Ursache-Wirkung-Interpretation ist verengt und wissenschaftlich nicht haltbar. Die psychologische Frustrations-Aggressions-Hypothese kann nicht als eine Entschuldigung für politische Aggression und Gewalt herhalten. Es gibt jedoch empirische Studien in bestimmten Forschungsbereichen, namentlich in der Medien- und Spielpsychologie, die neuerdings auf diese Hypothese zurückgreifen (Breuer & Elson, 2017).

Spiele, in denen die eine Seite gewinnt und die andere unweigerlich verliert, erzeugen Frustration und lösen fast immer aggressive Gefühle aus. Johannes Breuer und seine Kollegen konnten zeigen, dass es speziell auch bei digitalen Spielen der Fall ist. Sie meinen, dass es nicht richtig ist, Ursachen der Gewalt allein in den **Inhalten** der Spiele zu suchen. Vielmehr ist die **Interaktion** zwischen den Spielenden in den sogenannten Multiplayer-Games (Spiele mit mehreren Spielenden) von Bedeutung. Konkret ausgedrückt: Gewalttätige Computerspiele fördern das nachfolgende aggressive Verhalten der Spielenden nicht nur deswegen, weil in diesen Spielen geschossen und getötet wird, sondern weil es immer auch Verlierer gibt, deren Frustration aus dem Verlust ihre (post-game) Aggressivität anstacheln kann (Breuer et al., 2015).

Auch dabei gibt es Bedingungen, welche die Gültigkeit dieser Behauptung modifizieren. Spiele, die auf Kooperation zielen, verstärken offenbar die *kooperative Interaktion* zwischen Spielern, während die auf Wettbewerb ausgerichteten Spiele die *Frustration* und in deren Folge auch die Aggression verstärken. Ein überlegener Spieler, der verhindert, dass andere Mitspielenden zum Zuge kommen, ist die Quelle von Frustrationen und induziert aggressive Gefühle. Diese verstärken offensichtlich sie Intensität des aggressiven Verhalten – so postuliert das „Allgemeine Aggressionsmodell" von Anderson & Bushman (2002). Breuer und Kolleginnen/Kollegen sprechen von der Frustration im Computerspiel als von einem situativen Ereignis, dessen Wirkung weit über das gewalttätige Spiel selbst hinausragt (Breuer et al., 2015, S. 134).

3.5 Sind Aggressionen und Gewalt erlernt?

Nach der **Lerntheorie** sind die Aggressionsbereitschaft und das Aggressionsverhalten erlernt. Diese Feststellung ist wichtig für die *Gegenmaßnahmen*. Sie bedeutet, dass die Aggression und das gewalttätige Verhalten *verlernt* werden können. Diese Annahme bildet die Grundlage für die verhaltenspsychologische Behandlung von Aggressionen. Die Lerntheorie akzeptiert, dass eine angeborene Prädisposition existiert. Sie besagt jedoch, dass sich eine solche Prädisposition kaum ohne das Konditionieren und Lernen entfaltet (Zimbardo & Gerrig, 1999).

Zwei einfache Lernmodelle erklären, wie sich Aggression entwickelt:

1. Das **Modell des klassischen Konditionierens** besagt: Wenn ein neutraler Reiz mit einem aggressionsauslösenden Reiz zusammentrifft, kann der neutrale Reiz allein das aggressive Verhalten auslösen. Beispiel: Ein unausgeschlafenes, kränkliches und schmerzgeplagtes Kind reagierte auf das morgendliche Waschen und Anziehen durch seine Großmutter mit Weinen und Wutgeschrei.

3

Später reichte nur das Erscheinen der Großmutter und schon regte sich das (mittlerweile gesunde) Kind fürchterlich auf. Es steigerte sich in regelrechte Wutanfälle hinein, schlug um sich und trat nach Gegenständen sowie Personen.

2. Dagegen besagt das **Modell des operanten Konditionierens:** Menschen, deren Aggression einmal *belohnt* wurde, werden dieses Verhalten erneut praktizieren. Oder die Intensität und Häufigkeit der Aggressionen werden in Folge der Belohnung (Verstärkung) ansteigen. So kommt es beispielsweise an Berliner Schulen öfter vor, dass aggressive Schülerinnen oder Schüler ihre Mitschülerinnen bzw. Mitschüler bedrohen und schlagen, um sie einzuschüchtern und ihnen das Taschengeld oder das Handy abzunehmen. Das Taschengeld und das Handy sind *die Belohnung,* welche die **aggressive Handlung positiv verstärkt.** Das aggressive Kind lernt: Was einmal gelang, wird nächstes Mal wieder gelingen.

Das aggressive Verhalten kann auch **negativ verstärkt** werden. Wenn die aggressiven Jugendlichen, mitunter *Wiederholungstäter,* erleben, dass ihnen auch nach schlimmen Gewalttaten eigentlich gar nichts passieren kann, weil sie noch strafunmündig sind, *lernen sie regelrecht,* sich wieder und wieder mit Gewalt die Sachen zu beschaffen, die sie gerne haben wollen (Naplava, 2010). Speziell kleinkriminelle Taten der Jugendlichen werden kaum bestraft: Die Täterinnen und Täter erfahren eine *permanente negative Verstärkung.* Bereits das Nicht-Eingreifen von bezeugenden Personen (also die unterlassene Hilfeleistung), die ein aggressives Verhalten in der U-Bahn beobachten, wirkt wie eine negative Verstärkung, die das aggressive Verhalten der Täterinnen und Täter festigt.

3.5.1 Soziokognitive Erklärungsmodelle

Auch hier kommen die Lerntheorien zum Tragen. Die **sozio-kognitiven Ansätze sind jedoch** komplexer als die Erklärungen aufgrund von Konditionierung, weil sie die kognitiven Funktionen Wahrnehmung und Attribution berücksichtigen. Dabei wird das menschliche Verhalten auf der Grundlage der Wechselwirkung zwischen dem Individuum, seiner Wahrnehmung, seinem Denken und seinem sozialen Kontext erklärt. Von Bedeutung sind hier die sogenannten **kognitiven Schemata,** eine Art Hilfsmittel, die es möglich machen, dass wahrgenommene Informationen und das schon vorhandene Wissen im Gedächtnis strukturiert werden. Zugleich werden Verbindungen zwischen dem eingelagerten Wissen und den neuen Erlebnissen hergestellt. Die kognitiven Schemata ermöglichen so, dass sich der Mensch in jeder Situation schnell und mühelos zurechtfindet und sinnvoll verhält. Die kognitiven Schemata signalisieren dem Individuum, wann in einer Situation eine Aggression *angemessen* ist (Huesman, 1998). Zum Beispiel, wenn andere Personen provozieren oder sich Vorteile verschaffen wollen. Allerdings ist die Angemessenheit zum Teil auch von Zuschreibungen abhängig, sie braucht also keine reale Grundlage.

3.5.2 Lernen am Modell

Der kalifornische Wissenschaftler *Albert Bandura* (1994) erklärt die Aggression mithilfe des **Modelllernens,** mit anderen Worten des **Lernens am Modell.** Diese Bezeichnungen erklären schon an sich, worum es geht. Kinder erlernen das aggressive Verhalten **durch die Beobachtung und das Nachmachen** (Bandura, 1994). Das Modell sind die Eltern oder andere Erwachsene und auch Medien.

In Experimenten des Autors wurden Kindern vier Szenen präsentiert. In der ersten Szene (die *live* gespielt wurde) malträtierte eine Frau ihre Plastikpuppe *Bobo Doll.* Sie schlug die Puppe mit einem Hammer, trat sie mit Füßen und schleuderte sie durchs Zimmer. Für die zweite Szene wurde das gleiche Geschehen gefilmt. Nachher sahen es die Kinder am Bildschirm. In der dritten Szene zeichnete die Frau ein Comic darüber, wie sie mit Bobo Doll spielt, nämlich aggressiv. Der vierte Durchgang des Experiments war ein Kontrolldurchgang. Die Frau spielte neutral bis liebevoll mit Bobo Doll. Am Schluss bekamen die Kinder selbst die Möglichkeit, mit der Puppe zu spielen, was ebenfalls gefilmt wurde.

Kinder, die das aggressive Verhalten beobachteten, verhielten sich im eigenen Spiel mit der Puppe ebenso aggressiv. Das wurde nach der *Live-Szene* einundzwanzigmal beobachtet, nach der *Bildschirmszene* 16-mal, nach der *Comic-Szene* 10 Mal. Die nicht aggressive Situation in der Kontrollszene führte noch dreimal zur kindlichen Aggression gegenüber der Puppe. Bemerkenswert war aber, dass die Kinder das Erwachsenenverhalten auch dann nachahmten, wenn sie allein spielten, das heißt ohne die anwesenden Erwachsenen.

Das **Lernen am Modell** erfordert ein gewisses Maß an kognitiven Leistungen: viel Aufmerksamkeit und die Fähigkeit, das Modell im Gedächtnis zu behalten (Bandura et al., 1963). Auch positive Anreize, die Motivation erzeugen, sind förderlich. Ein Anreiz kann der soziale Status der Person sein, die die Puppe prügelt. Ist er hoch, lernen die Kinder besser, das Verhalten dieser Person nachzumachen. Das Gleiche passiert mit beliebten Menschen. Kein Wunder, dass Kinder prügelnder Eltern (die von ihnen trotz Gewaltanwendungen geliebt werden) dazu neigen, ihre Mitschülerinnen und Mitschüler zu prügeln! Als *wirksame Modelle* erweisen sich populäre Personen, Stars, bekannte Fußballspieler und andere Symbolfiguren der Jugendlichen.

Wichtig ist Banduras Beweis, dass die untersuchten Kinder das aggressive Verhalten nachmachten, auch wenn es ihnen nicht von lebenden Personen, sondern von Comicfiguren vorexerziert wurde (Bandura et al., 1963). Diese frühe Erkenntnis muss als wichtiger Beitrag zu der gegenwärtig intensiv geführten Diskussion über die Auswirkung von *Mediengewalt* gewertet werden. Insbesondere nach Amokläufen an Schulen und nach ähnlichen Exzessen ertönt der Ruf, man solle bestimmte gewalttätige Online-Spiele verbieten und Kindern den Zugang zur Gewaltdarstellung im Fernsehen und Internet erschweren. Mehrere Forscherinnen und Forscher führten Metaanalysen existierender empirischer Studien zu der Thematik durch (Fischer et al., 2014, S. 70 ff.). Sie zeigten, dass aggressive Videospiele (z. B. Ego-Shooter) aggressive Gedanken, Emotionen und gewalttätige Verhaltensweisen tatsächlich verstärken. Andere Wissenschaftlerinnen und

Wissenschaftler fanden ähnliche Wirkungen von aggressiven Songtexten und Sportdarstellungen (z. B. Boxen) (Fischer et al., 2014, S. 71 ff.).

Die beschriebenen Mechanismen sind nicht nur im Kindesalter wirksam. Auch Erwachsene erlernen auf diese Weise feindschaftliche und aggressive Verhaltensweisen, wenn sie beispielsweise beobachten, dass diese ihnen Vorteile bringen, d. h. dass sie belohnt werden. Als *Belohnung* kann schon das Beipflichten der eigenen Bezugspersonen gelten. Ein Beispiel ist das Verhalten der ‚braven‘ Bürgerinnen und Bürger in Rostock oder Chemnitz, die den Hooligans und Neonazis bei deren faschistischer Hetze applaudierten. Das stachelt die Aggressionsbereitschaft der Hooligans buchstäblich an. Damit wird die sogenannte **Selbstbekräftigung** ausgelöst (Bandura et al., 2014). Die aggressiven Personen fühlen sich durch ihr aggressives Verhalten aufgewertet.

Der *Einfluss der Erziehungsstile* hat als Erklärungsansatz mit dem Ansatz *Lernen am Modell* beziehungsweise *Lernen durch Beobachten* viel gemeinsam. Kinder, die in ihrer Herkunftsfamilie schon sehr früh Aggressionen, Nötigung und Zwang erleben, entwickeln selbst aggressives und aversives (feindseliges) Verhalten. Jedoch nicht nur deshalb, weil sie es nachahmen. Sie nutzen aggressive Sprache und aggressives Verhalten, um sich vor der Feindschaft und Aggression der Eltern und anderen Familienmitglieder zu schützen. Der US-amerikanische Forscher G. R. Patterson sprach von **Coercive Families,** also von **zwangsausübenden Familien** (Patterson, 1982). In solchen Familien wird auf das Kind und seine Äußerungen generell aggressiv reagiert. Das Kind benutzt entsprechend selbst das aggressive Verhalten, und zwar in allen Lebensbereichen, z. B. beim Spiel mit anderen Kindern und in der Schule. Im Grunde könnte man diese Erziehung auch der *operanten Konditionierung* zuordnen. In der frühen Kindheit sind es die Eltern und Familienmitglieder, die für die Verstärkung der Aggression sorgen. Patterson und sein Team nannten diese frühaggressiven Kinder **the early Starters** (frühe Starter – Patterson, 1982). In der Adoleszenz jedoch übernimmt die jugendliche Bezugsgruppe (**Peer Group**) diese Aufgabe der Aggressionsverstärkenden.

Neben den Gewalterfahrungen in Familien gibt es noch weitere Faktoren, die den aggressionsfördernden Erziehungsstil kennzeichnen. Es scheint, dass ein **inkonsequenter, widersprüchlicher Erziehungsstil** die Aggressivität begünstigt. Gemeint ist, dass manche Eltern Regeln erlassen, diese aber wieder verwerfen oder selbst nicht einhalten (Petermann & Petermann, 2012). Eltern aggressiver Kinder sind im Vergleich zu Eltern nichtaggressiver Kinder häufig überfordert (Minuchin et al., 1967).

3.6 Risikofaktoren für die Gewaltentstehung

In diesem Kapitel werden verschiedene Faktoren untersucht, die als Risikofaktoren für die Aggressions- und Gewaltentstehung betrachtet werden. Zunächst werden einige individuelle Risiken erörtert, danach situative und kontextuale Faktoren. Der letzte Abschnitt befasst sich mit zielgruppenspezifischen Risiken.

3.6.1 Geschlecht als Risikofaktor

Männer scheinen aggressiver zu sein als Frauen. Zumindest deuteten viele Statistiken, die körperliche Aggression und Gewalt registrieren, darauf hin. Bogerts & Möller-Leinkühler (2013) zitieren aus der Statistik des Bundeskriminalamtes von 2006. Danach sind Männer für 80 % der Fälle von Mord und Todschlag, 99 % der sexuellen Nötigungen und Vergewaltigungen und 91 % der schweren Körperverletzungen verantwortlich. Diese Aufzählung ließe sich fortsetzen. Auch Experimente bestätigen, dass Männer mehr als Frauen zur Aggression und Gewalt neigen (Aronson et al., 2008). Das wird auf biologische Veranlagung und auf Hormone, speziell Testosteron, zurückgeführt. Geschlechtsdifferenzen in der Aggressivität können bereits im frühen Kindesalter ausgemacht werden (Tremblay et al., 2004): Jungen sind deutlich aggressiver als Mädchen. Das bleibt auch so in der späteren Kindheit, wenn sich die Affektkontrolle herausbildet (Bogerts & Möller-Leimkühler, 2013) und ebenso im Erwachsenenalter fortbestehen. Allerdings soll beachtet werden, dass Jungen und Männer nicht nur häufiger als Frauen und Mädchen zu Aggressoren gehören, sondern dass sie häufiger die Opfer von Aggression sind (Bogerts & Möller-Leinkühler, 2013, S. 1329).

Es wäre aber falsch zu glauben, dass Männer nur aufgrund biologischer Faktoren aggressiver sind. Aggression und Gewalt werden generell nicht nur von biologischen Faktoren verursacht. Soziale und sozialpsychologische Faktoren sind immer beteiligt (vgl. ◻ Abb. 3.1). So beispielsweise spielen geschlechtsspezifische Erwartungen eine wichtige Rolle. Man kann es gut am Beispiel der Aggressivität im Straßenverkehr erläutern. Lange galten Männer, die übrigens viel öfter als Frauen Fahrzeuge führten, als aggressivere Autofahrer, Frauen dagegen als gelassenere und defensive Autofahrerinnen. Heute, wenn Autofahrerinnen keine Ausnahme mehr darstellen, scheint sich der Unterschied zwischen autofahrenden Männern und Frauen auszugleichen. Möglicherweise ist eine Trendwende eingetreten, sodass sich selbstbewusste, erfahrene und vielfahrende Autofahrerinnen genauso aggressiv auf der Straße geben, wie die Männer.

Ein solcher Ausgleich zwischen den Geschlechtern findet sich auch in vielen anderen Situationen. Die Forschung zeigt, dass sich die Unterschiede mehr in den Formen und Äußerungen, denn als in der Häufigkeit und Intensität der Aggression manifestieren: Jungen und junge Männer neigen stärker zur *offenen Aggression* (sie prügeln sich häufig und werden körperlich gewalttätig), Mädchen drücken ihre Aggressivität *versteckter* aus (sie verbreiten üble Nachreden und mobben andere Mädchen im Internet).

Es gilt, dass sowohl genetische und hormonelle (biologische) Faktoren beteiligt sind, als auch die erlernten Formen und Äußerungen des geschlechtstypischen aggressiven Verhaltens. Bei Herausforderungen oder Provokationen, scheinen Frauen allerdings im höheren Maße zur Aggression zu neigen als Männer (Bettencourt & Miller, 1996). Auch das Alter der Männer ist relevant: Generell nimmt deren Aggressivität ab dem 25. Lebensjahr ab. Der geschlechtsspezifische Unterschied in den Gewaltformen wird ebenso von der Kriminalstatistik bestätigt (Bundeskriminalamt, 2011). Männer begehen häufiger Gewalttaten

3

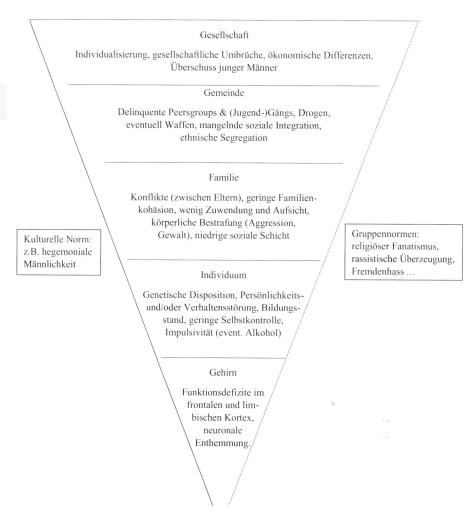

Gesellschaft

Individualisierung, gesellschaftliche Umbrüche, ökonomische Differenzen,
Überschuss junger Männer

Gemeinde

Delinquente Peersgroups & (Jugend-)Gängs, Drogen,
eventuell Waffen, mangelnde soziale Integration,
ethnische Segregation

Familie

Konflikte (zwischen Eltern), geringe Familien-
kohäsion, wenig Zuwendung und Aufsicht,
körperliche Bestrafung (Aggression,
Gewalt), niedrige soziale Schicht

Kulturelle Norm:
z.B. hegemoniale
Männlichkeit

Gruppennormen:
religiöser Fanatismus,
rassistische Überzeugung,
Fremdenhass …

Individuum

Genetische Disposition, Persönlichkeits-
und/oder Verhaltensstörung, Bildungsstand, geringe Selbstkontrolle,
Impulsivität (event. Alkohol)

Gehirn

Funktionsdefizite im
frontalen und lim-
bischen Kortex,
neuronale
Enthemmung.

◧ **Abb. 3.1**   Modell der männlichen Gewalt: Produkt eines multifaktoriellen Bedingungsgefüges.
(Modifizierung der Darstellung von Bogerts & Möller-Leimkühler, 2013, S. 1338)

(Körperverletzungen, Mord) als Frauen, die eher zur gegenstandsbezogenen
Kriminalität neigen (Diebstahl, Betrug).

Die Psychiater Bernhard Bogerts & Anne Maria Möller-Leimkühler (2013)
entwarfen ein **hierarchisches Modell** der Gewalt, das vor allem die männliche
Gewalttätigkeit darstellen soll, jedoch auch geeignet ist, die weibliche Aggression und Gewalt zu beschreiben (siehe ◧ Abb. 3.1). Ganz oben sind einige gesellschaftliche Faktoren dargestellt, welche über das Maß der Gewalt bestimmen, z. B. ökonomische Differenzen. Schulfachleute bestätigen, dass Besitzunter-
schiede zwischen Kindern (Markenkleidung, iPhones etc.) regelmäßig zu
Prügeleien zwischen den wohlhabenderen und weniger wohlhabenden Kindern
führen.

Die zweite Ebene in dem Modell ist die Gemeinde: Ist diese dissozial, sind Drogen, Vandalismus oder Kriminalität stark vertreten, ist es wahrscheinlich, dass Kinder, die in einem solchen Milieu aufwachsen, ebenso gewalttätig werden. Die dritte Ebene ist von der Familie konstituiert. Deren sozialer und ökonomischer Status sowie die Binnenbeziehungen stehen im Zusammenhang mit der häuslichen Gewalt. Zudem begünstigen sie das kindlichen Nachmachen der Gewalt erwachsener Familienmitglieder. Erst an vierter und fünfter Stelle in dem Modell sind die individuellen Dispositionsfaktoren (genetische, anatomisch-strukturelle, pathophysiologische sowie psychische, d. h. sowohl intellektuelle als auch emotionale) aufgeführt. Außerhalb der Hierarchie sind auch externe Faktoren genannt: die Kultur (Männlichkeitsideal) und Normen, die bestimmen, wie weit Konflikte durch Aggression gelöst werden und ob die Gewalt toleriert wird.

3.6.2 Risikofaktor Alkohol

Zur Aggressivität trägt auch Alkohol bei (siehe weiter unten). Der Zusammenhang zwischen Alkoholmissbrauch und aggressivem Verhalten, und die Beziehung ‚Alkohol – kriminelle Gewalt', gilt heute als umfassend erforscht. Statistiken belegen, dass Alkohol außerordentlich häufig zur Aggression und zum gewalttätigen Verhalten führt. Gefährlich sind sowohl die akuten als auch die chronischen Alkoholintoxikationen. Nur ein Beispiel: Im Jahre 2011 wurden 31,8 % der aufgeklärten Gewalttaten unter Alkoholeinfluss verübt (Bundeskriminalamt, 2011). Zu den unmittelbaren Ursachen gehören z. B. der Verlust der kognitiven Kontrolle, alkoholbedingte Beeinträchtigungen des präfrontalen Kortex, die sich auf die serotonerge Neurotransmission auswirken, aber auch soziale Faktoren, etwa die Überzeugung, dass die Aggression eine akzeptable soziale Interaktion darstellt (Beck & Heinz, 2013). Ähnliche Mechanismen sind bei der Einnahme anderer psychodynamischer Substanzen wirksam.

Wenn Alkohol an einer Gewalttat beteiligt ist, sind meistens weitere Faktoren im Spiel, z. B. Gruppendruck. Männer betrinken sich oft in Gruppen (nicht umsonst wird der gewalttätige Alkoholkonsum mit dem männlichen Geschlecht assoziiert), wobei Alkohol die Informationsverarbeitung, Situationseinschätzung (insbesondere hinsichtlich der Konsequenzen) und Verhaltenskontrolle beeinträchtigt. Betrunkene reagieren auf aggressionsinduzierende Reize stärker als nicht Betrunkene (Krahé, 2015).

3.6.3 Gesundheitsprobleme und Erkrankungen als Risikofaktoren

Unwohlsein oder Schmerzen rufen schlechte Laune und oft auch aggressives Verhalten hervor. Diese Tatsache fand man nicht nur bei Menschen, sondern auch bei Tieren, so die Aussagen der Verhaltensbiologie und Tierpsychologie (Aronson et al., 2008). Leonard Berkowitz (1987) wies im Rahmen seiner Experimente die Mitglieder seiner Interventionsgruppe an, ihre nicht-dominante Hand ins Wasser einzutauchen, das viel kälter war, als sie es erwartet hatten. Die Kontrollgruppe war diesen sehr unangenehmen Empfindungen nicht ausgesetzt. So studierte er die Entwicklung von Irritation, Ärger und Aggression.

Im Allgemeinen sind es vor allem die Erkrankungen und Störungen des Gehirns selbst, die ursächlich mit der Entstehung und Intensivierung der Aggression und Gewalt verbunden sind. Mit Erkrankungen und Störungen sind sowohl die anatomischen als auch die funktionalen Pathologien gemeint. An prominenter Stelle muss das hirnorganische Psychosyndrom genannt werden. Unter dieser Bezeichnung sind verschiedene neuropsychiatrische Störungen subsummiert, die entstehen, wenn sich die Hirnstruktur aufgrund von Unfällen und pathologischen Prozessen verändert. Unfälle (Schädelhirntraumata) und ebenso Vergiftungen, z. B. bei Urämie oder durch Drogen, verursachen akute Störungen, die in der Regel behandlungs-, d. h. rückbildungsfähig sind. Chronische Veränderungen entwickeln sich infolge längerfristiger Veränderungen, sei es der Neubildungen (Tumore), Gefäßveränderungen und Degenerationsprozesse. Störungen in bestimmten Hirnregionen verursachen Aggressivität, Verlust von Empathie und gewalttätiges Verhalten.

Viele hirnorganische Erkrankungen werden von verbaler oder körperlicher Aggressivität begleitet. Forschungsbefunde zeigen, dass es Schädigungen und Verletzungen im frontalen Kortex: (Stirnseite) und im fronto-temporalen Lappen: (Stirn-Schädelseite) sind, welche die Neigung zur Aggressivität hervorrufen (Schütt, 2012). Auch bei alten Menschen, die unter bestimmten Demenzen mit fronto-temporalen Schädigungen leiden, werden meist verbale oder körperliche Aggression festgestellt (Diehl et al., 2006). Bei Kindern ist das aggressive Verhalten häufig mit dem Hyperkinetischen Syndrom (HKS) assoziiert (Kahl, et al., 2012). Beim HKS handelt es sich um eine neurobiologische Entwicklungsstörung. Ähnlich wie manche Kinder mit HKS, zeigen auch aggressive Kinder, die kein HKS aufweisen, ein hohes Erregungsniveau. Sie haben verminderte Möglichkeit, ihre Erregungsimpulse zu kontrollieren.

Verschiedene psychische Erkrankungen sind ursächlich mit Gewalt verbunden. Sowohl die Schizophrenie als auch die bipolare Erkrankung erhöhen das Risiko der Aggression bis zu fünfmal (Müller et al., 2017). Ebenso beinhalten Persönlichkeitsstörungen und der Missbrauch psychotroper Substanzen ein sehr hohes Risiko der Gewalttätigkeit.

3.6.4 Soziale Risikofaktoren – Kontext

Hinsichtlich der sozialen Risikofaktoren möchten wir zwei Feststellungen voranstellen:

- *Soziale Risikofaktoren wirken nie (oder höchstens ganz selten) allein.* Ihre Wirkungsweise ist in der Regel mehrdimensional. In der ◘ Abb. 3.1 wird angedeutet, dass eine Gesellschaft mit großen sozialen Unterschieden einen erheblichen Druck auf Familien verursacht, der seinerseits gewalttätige Beziehungen begünstigt (z. B. prügelnde Väter).

▬ *Soziale Risikofaktoren verstärken die individuelle Disposition für aggressives und gewalttätiges Verhalten.*

▬ Soziale Risikofaktoren wirken nur ausnahmsweise kausal. Meistens lässt sich die Ursache-Wirkung-Relation nicht eindeutig identifizieren. Vielmehr haben sie eher einen indirekten Einfluss und wirken entweder *verstärkend* oder *mildernd* (siehe ◘ Tab. 3.1). So zeigt sich beispielsweise, dass der Männerüberschuss (genannt auch demografische Maskulinisierung) in bestimmten Gemeinschaften die individuelle Wahrscheinlichkeit steigert, eine Straftat zu begehen.

▬ Ein häufiges Risiko, das aus dem sozialen Kontext resultiert, ist die *soziale Ausgrenzung* bzw. *Zurückweisung.* Zahlreiche Studien zeigen, dass Menschen, die von der Gemeinschaft zurückgewiesen werden, mit negativen Gefühlen reagieren, die zunächst als Trauer und Schmerz erlebt werden und später im Ärger und aggressiven Verhalten einmünden. Die Trauer kann sogar im MRT sichtbar werden. Im Gehirn wird bei der Ausgrenzung die gleiche Region aktiviert, die auch beim physischen Schmerz eine Aktivität zeigt. William Kipling stellte eine Übersicht entsprechender Studien zusammen (Kipling, 2007).

Die ◘ Tab. 3.1 bietet die Übersicht über eine Reihe sozialer Risikofaktoren und ihrer Wirkungsweisen.

3.7 Aggression und Gewalt im vertrauten Kontext

In diesem Abschnitt wird die häusliche Gewalt thematisiert, die alternativ auch Gewalt in der Familie oder familiale Gewalt genannt wird. Das Phänomen der Gewalt unter Personen, die intim oder eng verwandt sind und ständig oder abschnittsweise zusammen wohn(t)en, rückt seit jüngerer Zeit immer mehr in das Zentrum der Aufmerksamkeit sowohl der Forschung als auch der allgemeinen Öffentlichkeit. Charakteristisch ist dabei, dass der Begriff Gewalt breit definiert wird. Er ist nicht begrenzt auf die direkte, physische Aggression (Bogerts & Möller-Leinkühler, 2013, S. 1329), sondern schließt mehrere weitere Formen ein, etwa psychische Gewalt, sexualisierter Gewalt und soziale Gewalt (◘ Tab. 3.2 und Robert Koch Institut, 2008, S. 9). Jede dieser Formen kann in weitere Unterkategorien aufgegliedert werden, z. B. zur sozialen Gewalt werden Stalking und Mobbing gezählt, zur physischen und psychischen Gewalt gegen Kinder auch Vernachlässigung (Kapella & Cizek, 2001b, S. 82).

Besonders vielfältige Gewaltformen wurden als Gewalthandlungen gegen alte Menschen identifiziert (Hörl & Spannring, 2001, S. 314): Neben der körperlichen Misshandlung fand man Freiheitsbeschränkungen aller Art (z. B. Festbinden an Möbelstücke), Unangemessene Medikation oder das Vorenthalten lebenswichtiger Medikamente, Schmerzmittel und Nahrung, Verunglimpfungen, Einschüchterungen, finanzielle Ausbeutung, Isolierung und vieles andere mehr.

Einer der Gründe, warum die familiale Gewalt immer stärker beachtet wird, ist der Wandelt ihrer gesellschaftlichen (und auch strafrechtlichen) Bewertung. Die körperliche Züchtigung von Kindern war noch zum Beginn des zwanzigsten

3

◻ **Tab. 3.1** Ausgewählte soziale Risikofaktoren und ihre Wirkungszusammenhänge. (Eigene Darstellung)

Sozialer Risikofaktor	Wirkungszusammenhang
Einfluss von Bezugsgruppen	Wenn diese Gruppen ein gewalttätiges Konfliktlösen bevorzugen, werden auch die individuellen Mitglieder solcher Gruppen gewalttätig (Secord & Backman, 1995)
Erziehungsstile	In Familien, die gewalttätige Erziehungsstile praktizieren, werden Kinder zur Gewalttätigkeit regelrecht erzogen. Auswertungen zeigten, dass mehr als ein Drittel von Kindern, die zu Gewalt tendieren, antisoziale Väter hatten. Deshalb wird von einer genetischen Bedingtheit des aggressiven Verhaltens gesprochen (Frick et al., 1992)
Kulturelle und religiöse Orientierungen	In bestimmten Gesellschaften werden beispielsweise Vergeltung und Rache generell akzeptiert (Mummendey & Otten, 2001). In den Kulturen, die extrem auf die Reputation und Ehre ihrer Gemeinschaften bedacht sind, wird jedes – auch nur geringfügig – abweichende Verhalten aggressiv bestraft. Nisbett & Cohen (1996) zeigten in ihren Forschungsarbeiten, dass dieses Phänomen speziell in den Gesellschaften auftritt, die noch nicht weit von der Hirten- und Viehwirtschaft entfernt sind. Ihre Untersuchungen konzentrierten sich auf südlichen Regionen der USA und insgesamt von Amerika, ferner auf Nordirland
Familienzugehörigkeit	Einerseits hängt dieses Risiko mit den kulturellen und religiösen Orientierungen zusammen. Patriarchalische Familien (und Gesellschaften) haben ein hohes Gewaltpotential. Andererseits bergen Stieffamilien Risiken für Stiefkinder in sich. So zeigen Daly & Wilson (1996) für die USA, dass Kleinkinder bis zum Alter von zwei Jahren eine hundert Mal höhere Wahrscheinlichkeit haben, misshandelt zu werden, wenn sie in Stieffamilien und nicht in genetischen Familien aufwachsen. In Kanada haben solche Kinder eine 70 Mal höhere Wahrscheinlichkeit, vom Stiefvater umgebracht zu werden als von ihrem genetischen Vater (Gilovich et al., 2016, S. 508)
Räumliche Enge (Überfülleffekt und Überbevölkerung, auch genannt ‚Crowding‘)	Crowding verursacht eine Stresssituation, die zur Aggression führen kann, doch auch zur Vereinsamung in der Masse (Atteslander, 1975). Bei der räumlichen Enge und in großen Gruppen droht eine Entindividualisierung und aggressionsfördernde Anonymisierung

Jahrhunderts gesellschaftlich vollständig akzeptiert: als legitimes Mittel der Erziehung (Lamnek et al., 2012, S. 18). Die Vergewaltigung in der Ehe wird erst seit 1997 (!) bestraft, bis dahin gehörte der Geschlechtsakt zu selbstverständlichen Pflichten von Ehefrauen, ob sie ihn nun wollten oder nicht. Das Stalking wird 2007 als der Straftatbestand der Nachstellung in das Strafgesetzbuch (§ 238) aufgenommen.

◘ Tab. 3.2 Formen von Gewalt – Auswahl. (Eigene Darstellung)

Gewaltform	Beschreibung
Misshandlung (Maltreatment)	Diesen Begriff verwendet man, wenn es sich um die Gewalt gegen abhängige Personen, zum Beispiel Kinder, Patienten und Patientinnen sowie pflegebedürftige Personen handelt (Robert Koch Institut, 2008)
Vernachlässigung (Abuse)	Vernachlässigung wird ebenfalls zu Gewaltkategorien gerechnet. Der Begriff wird oft im Zusammenhang mit der Gewalt gegen Kinder und alte Menschen verwendet (Robert Koch Institut, 2008)
Soziale Gewalt	Die Forschung und Prävention widmen sich neuen Formen sozialer Gewalt – dem *Stalking, Mobbing* am Arbeitsplatz oder im Internet und *Bullying* in der Schule (Spröber et al., 2006)
Gewalt gegen Frauen	Während sich die Wahrnehmung von Gewalt gegen Frauen lange Zeit auf sexuelle Belästigung, sexualisierte Gewalt und körperliche *Gewalt im häuslichen Kontext* konzentrierte, hat sich die Perspektive zu anderen Gewaltformen und Kontexten verschoben. Zunehmende Beachtung finden *psychische Misshandlungen und emotionale Gewalt* (z. B. Demütigungen, psychisch-verbale Drohungen, Einschüchterung) durch Beziehungspartnerinnen und Beziehungspartner, durch Kolleginnen und Kollegen oder auch Vorgesetzte in der Ausbildung oder Arbeitswelt (Robert Koch Institut, 2008, S. 9)
Stalking	Stalking ist eine Nachstellung, Verfolgung und Belästigung einer Person, deren physische oder psychische Unversehrtheit dadurch unmittelbar, mittelbar oder langfristig bedroht und geschädigt werden kann (Robert Koch Institut, 2008, S. 54)
Terror	Terror ist eine systematische und willkürliche Verbreitung von Angst und Schrecken durch angedrohte oder tatsächlich ausgeübte Gewalt

Der Soziologe Lamnek et al. (2012), seine Kolleginnen und Kollegen unterscheiden mehrere Arten der häuslichen Gewalt:
1. Partnergewalt zwischen Ehepartnern oder innerhalb einer nichtehelichen Gemeinschaft. Hierbei handelt es sich am ehesten um die Gewalt von Männern gegen Frauen in geschlechtsheterogenen Partnerschaften. Aber es kann auch um die Gewalt von Frauen gegen Männer gehen, oder um die Gewalt innerhalb gleichgeschlechtlicher Gemeinschaften (Mann gegen Mann und Frau gegen Frau).
2. Eltern-Kind-Gewalt, einschließlich der gewaltausübenden Großeltern, Stiefeltern und Pflegeeltern. Dabei werden verschiedene Konstellationen untersucht (Vater-Junge, Vater-Mädchen, Mutter -Junge, Mutter-Mädchen).
3. Geschwistergewalt, d. h. Gewalt unter den Kindern der Familie;
4. Kind-Eltern-Gewalt, d. h. Gewalt der Kinder, die sich gegen ihre Eltern Großeltern, Stiefeltern und Pflegeeltern richtet.
5. Gewalt gegen weitere alte Familienmitglieder.

3

Weiterführende Lektüre zum Selbststudium

Mehrere Berichte bieten die Fakten über die einzelnen Arten der häuslichen bzw. familiären Gewalt. Teilweise befassen sie sich auch mit den zielgruppenspezifischen Risiken, Gewaltursachen und präventiven Strategien. Sie werden aus eine praxisbezogene Lektüre zum Selbststudium empfohlen:

Partnergewalt, speziell Gewalt gegen Frauen

- Robert Koch Institut (Hrsg.) (2008). Gesundheitliche Folgen von Gewalt unter besonderer Berücksichtigung von häuslicher Gewalt gegen Frauen. *Gesundheitsberichterstattung des Bundes. Heft 42.* Berlin: RKI.
- BMFSFJ (Hrsg.) (2014). *Gewalt gegen Frauen in Paarbeziehungen. Eine sekundäranalytische Auswertung zur Differenzierung von Schweregraden, Mustern, Risikofaktoren und Unterstützung nach erlebter Gewalt.* Verfügbar unter ▶ https://www.bmfsfj.de/blob/93970/957833aefeaf-612d9806caf1d147416b/gewalt-paarbeziehungen-data.pdf [09.10.2018]

Gewalt gegen Kinder

- Spitzer, C. & Grabe, H. J. (Hrsg.) (2013). Kindesmisshandlung. Psychische und körperliche Folgen im Erwachsenenalter. Stuttgart: Kohlhammer.

Sexualisierte Gewalt gegen Kinder

- BMFSFJ (2011). Aktionsplan 2011 der Bundesregierung zum Schutz von Kindern und Jugendlichen vor sexueller Gewalt und Ausbeutung. Verfügbar unter ▶ http://www.bmfsfj.de/BMFSFJ/kinder-und-jugend,did=119884.html [09.10.2018].

Gewalt unter Kindern, insbesondere Geschwistergewalt

- Lamnek, S. et al., (2012). Gewalt unter Geschwistern, ▶ Abschn. 4.2.2. In *Tatort Familie. Häusliche Gewalt im gesellschaftlichen Kontext* (3. erweiterte Aufl.). Wiesbaden: Springer, 166–169.

Cyber-Mobbing von Kindern

- Petermann, F. & Marées, N. von (2013). Cyber-Mobbing – eine Bestandsaufnahme. *Kindheit und Entwicklung, 22* (3), 145–154.

Cyber-Mobbing von Jugendlichen

- Porsch, T. & Pieschl, S. (2014). Cybermobbing unter deutschen Schülerinnen und Schülern: eine repräsentative Studie zu Prävalenz, Folgen und Risikofaktoren. Diskurs Kindheits- und Jugendforschung/Discourse. *Journal of Childhood and Adolescence Research, 9* (1), 7–22. Verfügbar unter ▶ http://nbn-resolving.de/urn:nbn:-de:0168-ssoar-404359 [09.10.2018].

Gewalt gegen alte Familienmitglieder und generell gegen alte Menschen

- BMFSFJ (Hrsg.) (2012). Kriminalitäts- und Gewalterfahrungen im Leben älterer Menschen. Zusammenfassung wesentlicher Ergebnisse einer Studie zu Gefährdung älterer und pflegebedürftiger Menschen (5. Aufl.). Verfügbar unter ▶ https://www.bmfsfj.de/blob/94188/26fade4c1250f7888ef17b68f2437673/kriminalitaets-und-gewalterfahrungen-aelterer-data.pdf [09.10.2018].
- WHO, Regional Office For Europe (Ed.) (2011): *European report on preventing elder maltreatment.* Copenhagen: WHO. Verfügbar unter ▶ http://www.euro.who.int/__data/assets/pdf_file/0010/144676/e95110.pdf [09.10.2018].

Die Berichte und Veröffentlichungen basieren meistens auf einer Situationsbeschreibung. Sie verfolgen nicht die sozialpsychologische Perspektive. Insgesamt betrachtet fällt auf, dass andere Disziplinen, z. B. Soziologie, Kriminologie und forensische Psychologie sowie Psychopathologie und klinische Psychologie, die zu diesem Thema intensiver forschen. Weniger ist die Sozialpsychologie beteiligt – allerdings mit einigen Ausnahmen. Dazu gehören das schon erwähnte Modelllernen und die kindliche Sozialisation durch Gewalt. Kinder erlernen schnell, dass sich Gewalthandlungen sehr wohl eignen, sich gegenüber anderen erfolgreich durchzusetzen. Merkwürdiger Weise gibt es nur geringe Unterschiede zwischen Kindern, die als Opfer von Gewalt direkt betroffen sind und Kindern, die Gewalthandlungen nur beobachten. Untersuchungen zeigen, dass das gewalttätige Verhalten regelrecht (sozial) vererbt wird (Lamnek et al., 2012). Nach wie vor dient die Gewalt als ein Instrument, mit dem Kinder dazu gebracht werden, die spezifischen Normen und Verhaltensorientierungen der Familie zu übernehmen.

Viele Studien befassen sich damit, wie Kinder die Gewalt in der Familie wahrnehmen und erleben und welche Konsequenzen es hat. Das konkrete Erfahren von Gewalt, das Miterleben zu müssen, wie Vater die Mutter prügelt, wird heute eigens als Misshandlung kategorisiert (Gelles, 2002). Andererseits wird es als der Hauptrisikofaktor für späteres gewalttätiges Verhalten eingestuft. Lamnek et al. (2012) zitieren Kolk & Streeck-Fischer (2002), die herausgefunden haben, dass Jungen, die ihre Väter als Gewalttäter erlebten, tausendmal höhere Wahrscheinlichkeit haben, später mal in der eigenen Partnerschaft Gewalt anzuwenden. Ähnliches wird durch Untersuchungen aus Österreich bestätigt (Kapella et al., 2011). Nicht immer wird jedoch eine physische Gewalt ausgeübt, sondern psychische und sprachliche Misshandlungen: Demütigung, Entwertung, Verunsicherung und Verängstigung durch Bedrohung.

❓ Fragen

1. Bitte kreuzen Sie an, ob das jeweilige Statement *richtig,* oder nur *teilweise richtig,* oder gänzlich *unrichtig* ist. Bitte begründen Sie Ihre Antwort.

Nrs	Statement	Richtig	Teilweise richtig	Unrichtig	Begründung
1	Gewalt ist eine starke Aggression, die sich in einer sozial nicht akzeptablen Form manifestiert				

3

Nrs	Statement	Richtig	Teilweise richtig	Unrichtig	Begründung
2	Für Kinder der dritten Grundschulklasse wird ein Antigewalt-Training geplant. Darüber werden die Eltern am Elternabend unterrichtet. Überraschender Weise sind zwei Elterngruppen strikt dagegen. Die erste Gruppe argumentiert: „Gewalt ist angeboren. Manche Kinder sind eben gewalttätig, andere nicht. Da hilft kein Antigewalt-Training. Lernen der Gewaltlosigkeit wäre völlig unwirksam"				
3	Die zweite Gruppe der Gegnerinnen und Gegner des Anti-Gewalttrainings argumentiert so: „In der Klasse unserer Kinder sind überwiegend Mädchen, nur drei Jungs. Mädchen neigen nicht zum Gewaltverhalten. Diese Art von Training ist für diese Klasse irrelevant."				
4	Frau Schmidt sagt über Gewaltspiele am Computer: „Wir erlauben unseren Kindern keine Gewaltspiele mit echten Menschen. Das wir erlauben, sind Spiele mit Zeichenfiguren und geometrischen Formen. Wenn die Kinder gegen diese schießen, ist es ungefährlich. Das bietet doch kein Vorbild, von dem sie gewalttätiges Verhalten lernen könnten!"				

2. Wenn die Bedürfnisse eines Menschen nicht erfüllt oder wenn seine Erwartungen grob enttäusch werden, reagiert er in der Regel mit einer Aggression. Dazu wurde von einem US-Psychologen und seinem Team eine bestimmte Hypothese formuliert. Wie heißt diese Hypothese? Und wie heißt der Hauptautor dieser Hypothese?

3. Sigmund Freud verband den Aggressionstrieb mit einem anderen Trieb. Um welchen Trieb handelt es sich?
4. Beobachtungen in öffentlichen Verkehrsmitteln zeigen, dass Frauen im Gedränge oft sexuellen Übergriffen und Aggressionen ausgesetzt sind. Andere Mitreisende schalten sich fast nie ein, um zu protestieren und die attackierten Frauen zu schützen. Was kann die Konsequenz diese Zurückhaltung oder Ignoranz (?) aufseiten der übergriffigen Männer sein? Nutzen Sie bitte das Modell des operanten Konditionierens, um das zu erklären!
5. Kinder lernen das aggressive Verhalten durch die Beobachtung der Eltern oder älterer Kinder Das wiesen verschiedene Forschende nach, allen voran der Standorder Wissenschaftler Albert Bandura nach. Wie nennt man diese Form von Lernen?
6. Warum begünstigen gewalttätige Computerspiele das aggressive, ja gewalttätige Verhalten speziell dann, wenn es sich um Multi-Player-Games handelt?

Antworten
1. Bitte kreuzen Sie an, ob das jeweilige Statement *richtig,* oder nur *teilweise richtig,* oder gänzlich *unrichtig* ist. Bitte begründen Sie Ihre Antwort.

Nr	Statement	Richtig	Teilweise richtig	Un- richtig	Begründung
1	Gewalt ist eine starke Aggression, die sich in einer sozial nicht akzeptablen Form manifestiert	X			Diese Definition wurde von den Psychologen Zimbardo und Gerrig formuliert (Zimbardo & Gerrig, 1999, S. 334)
2	Für Kinder der dritten Grundschulklasse wird ein Antigewalt-Training geplant. Darüber werden die Eltern am Elternabend unterrichtet. Überraschender Weise sind zwei Elterngruppen strikt dagegen. Die erste Gruppe argumentiert: „Gewalt ist angeboren. Manche Kinder sind eben gewalttätig, andere nicht. Da hilft kein Antigewalt-Training. Lernen der Gewaltlosigkeit wäre völlig unwirksam"			X	Eine Prädisposition von Gewalt ist tatsächlich genetisch bedingt. Auch andere biologische Faktoren (Hormone, Anatomie des Gehirns) sind ursächlich am Entstehen von Aggression und Gewalt beteiligt. Doch das ist nur ein Teil der Ursachen. Gewalt ist auch das Ergebnis von Lernen und Sozialisation. Was gelernt wurde, kann auch verlernt werden. Deshalb sind solche Trainings sehr sinnvoll

3

Nr	Statement	Richtig	Teilweise richtig	Un- richtig	Begründung
3	Die zweite Gruppe der Gegnerinnen und Gegner des Anti-Gewalttrainings argumentiert so: „In der Klasse unserer Kinder sind überwiegend Mädchen, nur drei Jungs. Mädchen neigen nicht zum Gewaltverhalten. Diese Art von Training ist für diese Klasse irrelevant."			X	Von der biologischen Perspektive betrachtet, sind Jungen aggressiver als Mädchen. Allerdings sind biologische Faktoren nicht die einzigen Auslöser, auch der soziale Kontext, Erziehung etc. ist ausschlaggebend. Jungen und Mädchen unterscheiden sind nicht so sehr in der Häufigkeit und Intensität, sondern in der Art der Äußerung von Aggression: Mädchen neigen mehr zur versteckten Aggression und Jungen mehr zu offener, körperlicher Aggression bzw. Gewalt. Deshalb ist eine Gewaltprävention auch in einer Mädchenklasse sinnvoll, schon auch dafür, dass Mädchen begreifen, dass auch Mobbing, üble Nachrede oder Belästigung als Gewalt gewertet werden müssen
4	Frau Schmidt sagt über Gewaltspiele am Computer: „Wir erlauben unseren Kindern keine Gewaltspiele mit echten Menschen. Das wir erlauben, sind Spiele mit Zeichenfiguren und geometrischen Formen. Wenn die Kinder gegen diese schießen, ist es ungefährlich. Das bietet doch kein Vorbild, von dem sie gewalttätiges Verhalten lernen könnten!"			X	In Experimenten zeigte der US-Forscher Albert Bandura, dass Kinder das aggressive Verhalten auch dann nachmachten, wenn es ihnen nicht von lebenden Personen, sondern von Comicfiguren vorgeführt wird (Bandura et al., 1963)

2. Es ist die Frustrations-Aggressions-Hypothese, die zu den klassischen Theorien der Sozialpsychologie gehört. Sie wurde von dem US-Psychologen John Dollard und seinen Kollegen bereits in den 30er Jahren des vorigen Jahrhunderts formuliert (Dollard et al., 1939). Die Basis ist die Annahme, dass *eine Aggression immer durch eine Frustration verursacht* wird. Bis heute wurde die Hypothese mehrmals modifiziert; Grundsätzlich gilt sie jedoch bis heute.

3. Es geht um den Todestrieb, Thanatos. Beide – der Todestrieb und der Aggressionstrieb – lösen destruktive Energien aus (Freud, 2000).

4. Nach dem Modell des operanten Konditionierens ist die Situation wie folgt zu verstehen: Die Angreifer können dieses Verhalten der anderen Menschen als eine heimliche Zustimmung ansehen, die sie zugleich eins eine Belohnung interpretieren. Eine solche Belohnung verstärkt das Verhalten dieser Art. Die Täter werden ermutigt, sich nächstes Mal genauso zu verhalten, vielleicht sogar die Häufigkeit und Intensität ihres Verhaltens zu verstärken.

5. Es ist das sogenannte Modelllernen oder Lernen am Modell.

6. Bei diesen Spielen entsteht Konkurrenz und es gibt Gewinnerinnen/Gewinner sowie Verliererinnen/Verlierer. Das Verlieren im Spiel erzeugt meistens eine Frustration aus, die wiederum aggressive Gefühle auslösen kann. Aggressive Wettbewerbsspiele fördern die Aggression, kooperative Spiele fördern die Kooperation. Das gilt im Internet wie auch außerhalb.

Zusammenfassung und Fazit

Eine Aggression ist eine Handlung, „ […] die mit der Absicht ausgeführt wird, andere psychisch oder physisch zu schädigen" (Zimbardo & Gerrig, 1999, S. 702). Ist die Aggression so stark, dass sie auf keinen Fall sozial akzeptiert werden kann, sprechen wir von der Gewalt. Mit beiden Phänomenen, der Aggression und der Gewalt sowie mit deren Ablegern und besonderen Formen befasst sich dieses Kapitel.

Wir nutzen die sozialpsychologische Perspektive, um zu ergründen, warum Menschen zur Aggression neigen und warum sie in bestimmten sozialen Kontexten gewalttätig werden. Beinahe vor 100 Jahren hat Dollard die Hypothese formuliert, dass die Aggression eine Antwort auf Frustration, das heißt auf die Vorenthaltung der Bedürfnisbefriedigung, ist (Dollard et al., 1939). Diese Hypothese wurde vielfach geprüft und bis zum bestimmten Grade revidiert. Aber neuerdings kehrt man zu ihr zurück, zum Beispiel beim Studien des Verhaltens in kompetitiven Computerspielen.

Die Sozialpsychologie verwendet auch andere Erklärungsmodelle der Aggression. Sozialpsychologische Studien konnten belegen, dass das gewalttätige Verhalten ein ‚Nachmachen und Imitieren' ist. Kindern imitieren Erwachsene, z. B. ihre Eltern. Deshalb werden Kinder aus gewalttätigen Milieus in der Regel selbst gewalttätig. Verschiedene Lernprinzipien – Lernen Am Modell (Bandura et al., 1963), Modell des klassischen aber auch des operanten Konditionierens und Erziehungsstile, kommen zum Tragen. Dabei zeigt es sich, dass Kinder aber auch Erwachsene die Gewalthandlungen nicht nur von echten, lebenden Personen übernehmen können, sondern auch von Bildern, Comics und Mediendarstellungen.

3

Bei den meisten empirischen Studien wird offenbar, dass die Psychologie und speziell die Sozialpsychologie nur einen Teil der Quellen der aggressiven Gefühle und des gewalttätigen Verhaltens erklären kann. Wichtig ist nämlich der Beitrag anderer Disziplinen, allem voran der Genetik und Neuropsychologie. Denn die Disposition ist eindeutig vererbt und manifestiert sich in Hirnstrukturen und neuralen Prozessen.

Literatur

Anderson, C. A., & Bushman, B. J. (2002). Human aggression. *Annual Review of Psychology, 53,* 27–51. ▶ https://doi.org/10.1146/annurev.psych.53.100901.135231.

Aronson, E., Wilson, T. D., & Akert, R. M. (2008). *Sozialpsychologie* (8 aktual). Pearson.

Bandura, A. (1994). *Lernen am Modell. Ansätze einer sozial-kognitiven Lerntheorie.* Klett.

Bandura, A., Ross, D., & Ross, S. A. (1963). Imitation of film-mediated aggressive models. *Journal of Abnormal and Social Psychology, 66,* 3–11.

Batson, C. D. & Shaw, L. L. (1991). Evidence of Altruism: Toward a Pluralism of prosocial motives. *Psychological Inquiry, 2,* 107–122.

Beck, A. & Heinz, A. (2013). Alcohol-related aggression – social and neurobiological factors. *Dtsch Arztebl Int, 110*(42), 711–715. ▶ https://doi.org/10.3238/arztebl.2013.0711.

Berkowitz, L. (1987). Pain expectation, negative affect, and angry aggression. *Motivation and Emotion, 11*(2), 183–193.

Bettencourt, B. A., & Miller, N. (1996). Gender differences in aggression as a function of provocation: A meta-analysis. *Psychological Bulletin, 119*(3), 422–447. ▶ https://doi.org/10.1037/0033-2909.119.3.422

Bierhoff, H. W., & Wagner, U. (Hrsg.). (1998). *Aggression und Gewalt: Phänomene, Ursachen und Interventionen.* Kohlhammer.

BMFSFJ. (2011). *Aktionsplan 2011 der Bundesregierung zum Schutz von Kindern und Jugendlichen vor sexueller Gewalt und Ausbeutung.* ▶ http://www.bmfsfj.de/BMFSFJ/kinder-und-jugend,-did=119884.html. Zugegriffen: 9. Okt. 2018.

BMFSFJ (Hrsg.). (2012). *Kriminalitäts- und Gewalterfahrungen im Leben älterer Menschen. Zusammenfassung wesentlicher Ergebnisse einer Studie zu Gefährdung älterer und pflegebedürftiger Menschen* (5. Aufl.). ▶ https://www.bmfsfj.de/blob/94188/26fade4c1250f7888ef17b68f2437673/kriminalitaets-und-gewalterfahrungen-aelterer-data.pdf. Zugegriffen: 9. Okt. 2018.

BMFSFJ (Hrsg.). (2014). *Gewalt gegen Frauen in Paarbeziehungen. Eine sekundäranalytische Auswertung zur Differenzierung von Schweregraden, Mustern, Risikofaktoren und Unterstützung nach erlebter Gewalt.* ▶ https://www.bmfsfj.de/blob/93970/957833aefeaf612d9806caf1d147416b/gewalt-paarbeziehungen-data.pdf. Zugegriffen: 9. Okt. 2018.

Bogerts, B., & Möller-Leinkühler, A. M. (2013). Neuropsychologische Ursachen und psychologische Bedingungen individueller Gewalt. *Der Nervenarzt, 84,* 1329–1344.

Breuer, J. & Elson. M. (2017). *Frustration–aggression theory. Definition, conception, and development. Theoretical accounts.* Wiley Online Library. ▶ https://doi.org/10.1002/9781119057574.whbva040.

Breuer, J., Scharkow, M., & Quandt, T. (2015). Sore losers? A reexamination of the frustration–aggression hypothesis for colocated video game play. *Psychology of Popular Media Culture, 4*(2), 126–137. ▶ https://doi.org/10.1037/ppm0000020.

Bundeskriminalamt (Hrsg.) (2011). *Polizeiliche Kriminalstatistik (PKS) von 2011 – IMK-Kurzbericht.* Verfügbar unter ▶ https://www.bka.de/SharedDocs/Downloads/DE/Publikationen/Polizeiliche-Kriminalstatistik/ImkBerichteBis2011/pks2011ImkKurzbericht.html. Zugegriffen: 10. Okt. 2018

Daly, M. & Wilson, M. I. (1996). Violence against Stepchildren. *Current Directions in Psychological Science, 5,* 77–81.

Diehl, J., Ernst, J., Krapp, S., Förstl, H., Nedopil, N., & Kurz, A. (2006). Frontotemporale Demenz und delinquentes Verhalten. *Fortschritte der Neurologie-Psychiatrie, 74*(4), 203–210. ▶ https://doi.org/10.1055/s-2005-870962.

Dollard, J., Doob, L. W., Miller, N. E., Mowrer, O. H., & Sears, R. R. (1939). *Frustration and aggression*. University Press.

Fischer, P., Asal, K., & Krueger, J. I. (2014). *Sozialpsychologie für Bachelor. Lesen, Hören, Lernen im Web*. Springer.

Freud, S. (2000). *Triebe und Triebschicksale. Psychologie des Unbewussten, Sonderausgabe des erstmals 1915 erschienenen Werks, Band III*. Fischer.

Frick, P. J., Lehey, B. B., Loeber, R., Stouthamer-Loeber, M., Christ, M. A., & Hansen, K. (1992). Familial risk factors to oppositional defiant disorder and conduct disorder: parental psychopathology and maternal parenting. *Journal Consult Clin Psychol, 60*(1), 49–55.

Gelles, R. J. (2002). Gewalt in der Familie. In W. Heitmeyer & J. Hagan (Hrsg.), *Internationales Handbuch der Gewaltforschung* (S. 1043–1077). Springer VS.

Gilovich, T., Keltner, D., Chen, S., & Nisbett, R. E. (2016). *Social Psychology* (4. Aufl.). Norton.

Hörl & Spannring, R. (2001). Gewalt gegen alte Menschen. In Bundesministerium für Soziale Sicherheit und Generationen (Hrsg.), *Gewalt in der Familie. Gewaltbericht 2001. Von der Enttabuisierung zur Professionalisierung* (S. 305–344). Wien, herausgegeben von Bundesministerium für Soziale Sicherheit und Generationen.

Hopf, H., & Schulz, U. (1998). *Aggression in der analytischen Therapie mit Kindern und Jugendlichen. Theoretische Annahmen und behandlungstechnische Konsequenzen*. Vandenhoeck & Ruprecht.

Huesman, L. R. (1998). The role of information proceeding and cognitive schemata in the acquisition and maintenance of habitual aggressive behaviour. In R. G. Geen & D. Donnerstein (Hrsg.), *Human aggression: Theories, research and implications for social policy* (S. 73–109). Academic.

Kahl, K., Puls, J. H., Schmid, G., & Spiegler, J. (2012). *Praxishandbuch ADHS. Diagnostik und Therapie für alle Altersstufen* (2. Überarbeitete Aufl.). Thieme.

Kapella, O., Baierl, A., Rille-Pfeiffer, C., Geserick, C., & Schmidt, E. (2011). *Gewalt in der Familie und im nahen sozialen Umfeld. Österreichische Prävalenzstudie zur Gewalt an Frauen und Männern*. Österreichisches Institut für Familienforschung an der Universität Wien: Wien, herausgegeben von Bundesministerium für Soziale Sicherheit und Generationen.

Kapella, O., & Cizek, B. (2001b). Definition von Gewalt gegen Kinder. In Bundesministerium für Soziale Sicherheit und Generationen (Hrsg.), *Gewalt in der Familie. Gewaltbericht 2001. Von der Enttabuisierung zur Professionalisierung*. Wien, herausgegeben von Bundesministerium für Soziale Sicherheit und Generationen, (S. 82–90).

Kipling, W. D. (2007). Ostracism. *Annual Review of Psychology, 58,* 425–452.

Kohut, H. (1976). *Narzissmus. Eine Theorie der psychoanalytischen Behandlung narzisstischer Persönlichkeitsstörungen*. Suhrkamp.

Kolk, B. A., & v. d., Streeck-Fischer, A. (2002). Trauma und Gewalt bei Kindern und Heranwachsenden. Eine entwicklungspsychologische Perspektive. In W. Heitmeyer & J. Hagan (Hrsg.), *Internationales Handbuch der Gewaltforschung* (S. 1020–1040). Springer.

Krahé, B. (2015): Aggression: Eine sozialpsychologische perspektive. In G. Hartung & M. Herrgen (Hrsg.), *Interdisziplinäre Anthropologie. Jahrbuch 2/2014: Gewalt und Aggression* (S. 13–48). Springer Fachmedien

Lamnek, S., Lüdtke, J., & Ottermann, R. (2012). *Tatort Familie. Häusliche Gewalt im gesellschaftlichen Kontext* (3. erweiterte). Springer.

Minuchin, S., Montalvo, B., Guerney, B. G., Rosman, B. L., & Schumer, F. (1967). *Families of the slums*. Basic.

Müller, J. L., Saimeh, N., Briken, P., Eucker, S., Hoffman, K., Koller, M. et al. (2017). Standards für die Behandlung im Maßregelvollzug nach §§ 63 und 64 StGB. Interdisziplinäres Task-Force der DGPPN, *Nervenarzt, 2017* 88 (Suppl1) (S. 1–29).

Mummendey, A. & Otten, S. (2001). Aggressives Verhalten. In Stroebe, W., Jonas, K. & Hewstone, M. (Hrsg.). *Sozialpsychologie. Eine Einführung* (4. Aufl.) (S. 353–380). Berlin: Springer.

Naplava, T. (2010). Jugendliche Intensiv- und Mehrfachtäter. In B. Dollinger & H. Schmidt-Semisch (Hrsg.), *Handbuch der Jugendkriminalität. Kriminologie und Sozialpädagogik im Dialog* (S. 293–306). VS.

Nisbett, R. E. & Cohen, D. (1996). *Culture of Honor: The psychology of violence in the south*. Boulder: Westview Press.

Patterson, G. R. (1982). *Coercive process*. Castalia.

Petermann, F., & von Marées, N. (2013). Cyber-Mobbing – eine Bestandsaufnahme. *Kindheit und Entwicklung, 22*(3), 145–154.

Petermann, F., & Petermann, U. (2012). *Training mit aggressiven Kindern (13* (veränd.). Beltz.

Ploog, D. (1974). Biologische Grundlagen aggressiven Verhaltens. In H. Kranz & K. Heinrich (Hrsg.), *Düsseldorfer Symposium* (S. 49–77). Thieme.

Porsch, T. & Pieschl, S. (2014). Cybermobbing unter deutschen Schülerinnen und Schülern: eine repräsentative Studie zu Prävalenz, Folgen und Risikofaktoren. Diskurs Kindheits- und Jugendforschung/Discourse. *Journal of Childhood and Adolescence Research, 9* (1), 7 – 22. Verfügbar unter ▶ http://nbn-resolving.de/urn:nbn:de:0168-ssoar-404359. Zugegriffen: 9. Okt. 2018.

Putkonen, A., Ryynänen, O.-P., Eronen, M., & Tiihonen, J. (2007). Transmission of violent offending and crime across three generations. *Social Psychiatry and Psychiatric Epidemiology, 42,* 94–99.

Robert Koch Institut (Hrsg.) (2008). Gesundheitliche Folgen von Gewalt unter besonderer Berücksichtigung von häuslicher Gewalt gegen Frauen. *Gesundheitsberichterstattung des Bundes, Heft 42.* RKI. ▶ https://www.rki.de/DE/Content/Gesundheitsmonitoring/Gesundheitsberichterstattung/GBEDownloadsT/gewalt.html;jsessionid=A2E6B54A31ECF4009AF3F085B2991471.1_cid381?nn=2370692. Zugegriffen: 10. Okt. 2018.

Schramm, H. & Wirth, W. (2007): Stimmungs- und Emotionsregulation durch Medien. *Medien und Erziehung (Merz), 51*(4),14–22. Posted durch ZORA, Zurich Open Repository and Archive, University of Zurich. ▶ https://www.zora.uzh.ch/id/eprint/94866/3/Schramm%26Wirth_2007_Stimmungs-_und_Emotionsregulation.pdf.

Schütt, U. (2012). *Neuropsychologie im Maßregelvollzug. Welche Rolle spielen juristische und klinische Subgruppen (Dissertation).* Universität Rostock. Verfügbar unter ▶ https://portal.dnb.de/opac.htm?method=simpleSearch&cqlMode=true&query=idn%3D1043649808. Zugegriffen: 10. Okt. 2018.

Secord, P. F. & Backman, C. W. (1995). *Sozialpsychologie. Ein Lehrbuch für Psychologen, Soziologen, Pädagogen* (5. Aufl.). Frankfurt a. M.: Fachbuchhandlung für Psychologie.

Spitzer, C., & Grabe, H. J. (Hrsg.). (2013). *Kindesmisshandlung. Psychische und körperliche Folgen im Erwachsenenalter.* Kohlhammer.

Tedeschi, J. T. (2002). Die Sozialpsychologie von Aggression und Gewalt. In W. Heitmeyer & J. Hagan (Hrsg.), *Internationales Handbuch der Gewaltforschung. VS Verlag für Sozialwissenschaften* (S.573–597). Wiesbaden. ▶ https://doi.org/10.1007/978-3-322-80376-4_24.

Thogersen, S., Lygren, S., Oien, P. A., et al. (2000). A twin study of personality disorders. *Comprehensive Psychiatry, 41,* 416–425.

Tremblay, R. E., Nagin, D. S., Squin, J. R., et al. (2004). Physical aggression during early childhood: Trajectories and predictors. *Pediatrics, 114,* E43–E50.

Zillman, D. (1979). *Hostility and aggression.* Erbaum.

Zimbardo, P. G. & Gerrig, R. J. (1999). *Psychologie* (7. neu übers. u. bearb. Aufl.) Springer.

WHO, Regional Office For Europe (Hrsg.). (2011). *European report on preventing elder maltreatment.* Copenhagen: WHO. Verfügbar unter ▶ http://www.euro.who.int/__data/assets/pdf_file/0010/144676/e95110.pdf. Zugegriffen: 9. Okt. 2018.

Hass – ein kollektives Phänomen in unserer digitalen Zeit

Inhaltsverzeichnis

© Springer-Verlag GmbH Deutschland, ein Teil von Springer Nature 2022
V. Garms-Homolová, *Sozialpsychologie der Zuneigung, Aufopferung und Gewalt*,
Psychologie für Studium und Beruf, https://doi.org/10.1007/978-3-662-64355-6_4

Einführung

Hass, Hassrede, Hassaggression und Hasskriminalität sind Begriffe, die uns in unserer digitalen Zeit fast täglich begegnen. Die psychologische Literatur tut sich schwer mit der Erklärung dieser Phänomene. Bereits die Auslegung des Begriffes Hass ist uneindeutig. Handelt es sich um eine Emotion oder eher um eine längerfristig vorherrschende Stimmungslage? Was sind die Ursachen? In diesem Kapitel versuchen wir diese Fragen zu beantworten und den Forschungsstand zur Thematik Hass zusammenzufassen. Nach der Begriffsabgrenzung geht es um die Akteure, das heißt die Hassenden und die Gehassten. Zwischen diesen beiden Akteuren besteht eine Beziehung, sodass es kaum möglich ist, nur die eine Seite – entweder die Hasser oder die Gehassten – zu betrachten. Hass tritt auch in individuellen Beziehung von zwei oder mehreren Personen auf. Häufiger ist er jedoch eine Gruppenerscheinung. Die sozialpsychologische Intergruppentheorie hilft, das Phänomen Hass zu verstehen und zu klären, warum Hass und hassmotivierte Handlungen entstehen. Im Zeitalter der sozialen Medien tritt vor allem die Hassrede – Hate Speech – in den Vordergrund. Von da aus führt der direkte Weg zur Hassgewalt und Hasskriminalität. Diese repräsentieren eine besondere Form der Aggression zwischen Personen und Gruppen mit dem Ziel, das gehasste Opfer zu demütigen, zu verletzen und schließlich auch zu eliminieren.

Nach eingehender Lektüre dieses Kapitels …

- können Sie den Unterschied zwischen Hass und anderen negativen Emotionen sowie Stimmungslagen darstellen,
- wissen sie, dass sich Rache vom Hass unterscheidet, weil sie eine Antwort auf reale oder vermeintliche Benachteiligung oder Verletzung ist,
- beschreiben Sie, wie sich Psychoanalyse, Entwicklungspsychologie und klinische Psychologie dem Thema Hass nähern,
- erläutern Sie, was es bedeutet, dass Hass ein kollektives Phänomen ist,
- erklären Sie die spezielle Beziehung zwischen den Hassenden und Gehassten,
- definieren Sie Hassrede und ihre Funktionen,
- analysieren Sie das Konzept der Hasskriminalität, das verschiedene Arten von Angriffen und Gewalttaten gegen Minoritäten vereinigt.

4.1 Was ist Hass? Möglichkeiten der Abgrenzung dieses Begriffs

Eine Definition besagt: Hass ist ein destruktives affektives Phänomen, das zum Ziel hat, das Hassobjekt beziehungsweise die Objekte des Hasses zu eliminieren (Levin & Nolan, 2015). Hass beruht auf der Macht und Ohnmacht und auf der Beziehung zwischen Superiorität und Inferiorität.

Obwohl *Hass* in den letzten Jahren mehr und mehr Beachtung der Öffentlichkeit findet, ist der Begriff weder präzise definiert, noch gibt es – speziell in der Sozialpsychologie – ausreichende theoretische Erklärungen oder auch zuverlässige

4.1 · Was ist Hass? Möglichkeiten der Abgrenzung dieses Begriffs

89

4

empirische Arbeiten zu dem Thema. Jedoch finden sich deutlich differierende Auslegungen des Begriffs in der psychologischen Literatur. Einerseits wird Hass als eine *reine Emotion* aufgefasst, andererseits als eine emotionale *Einstellung* oder als ein *generalisierter Ärger*. Auch wird Hass als eine *Bewertung* anderer Personen und als ein *abwertendes Urteil* interpretiert. Das zentrale Motiv dieser Abwertung ist es zu zeigen, wie wertlos und nicht existenzberechtigt bestimmte Personen und Personengruppen sind. Auch weitere Interpretation und Konzepte von Hass wurden von Psychologinnen und Psychologen entwickelt (Fischer et a., 2018). Es mangelt allerdings an empirischen Untersuchungen, welche das jeweilige Konzept verifizieren würden.

Weil das Phänomen Hass und seine Erscheinungsformen überaus komplex und vielfältig sind, erweist sich deren Erforschung als schwierig (Fischer et al., 2018), Messinstrumente zur Erfassung von Hass werden jüngst verstärkt entwickelt. Das hat einen ganz praktischen Grund: Provider von sozialen Medien sind gehalten, Hassinhalte zu löschen. Bisher gibt es jedoch keine reliablen Identifizierungsmöglichkeiten, welche Äußerungen als Hass zu klassifizieren und welche eher harmlos sind (z. B. Ross et al., 2017).

Ein weiteres Forschungsproblem scheint die Rekrutierung von Zielgruppen zu sein. Möglicherweise eignen sich nicht alle Bevölkerungsgruppen gleichermaßen für Studien über den Hass. Aumer et al. (2015) konstatieren, dass studentische Populationen – die überhäufig die Untersuchungsgruppen sozialpsychologischer Forschungsprojekte darstellen – nicht besonders gut geeignet waren, da sie eher selten Hassäußerungen machten. Israelische Studierende berichten, dass sie gehasst werden, aber dass sie sich selbst höchstens ärgern, ohne jedoch einen echten Hass zu empfinden (Halperin, 2008). Ob sich die Feststellung generalisieren lässt, ist jedoch sehr fraglich. Es kann nämlich sein, dass der „Hass" die Emotionen repräsentiert, über die man persönlich nicht ohne weiteres berichten möchte, insbesondere nicht in Befragungen.

4.1.1 Hass ist keine Standardemotion

Hass wird in Lehrbüchern nicht zu Standardemotionen gezählt. Kognitive Bewertungstheorien arbeiten man mit den Begriffen Wut, Aversion oder Abwertung; Hass kommt dort eher nicht vor (Arnold, 1960). Als eine wichtige Emotion wird Ärger behandelt. In der Persönlichkeitspsychologie wird „Ärger" einerseits als eine Einstellung aufgefasst, die leicht veränderbar, also instabil ist. Andererseits wird sie als Eigenschaft (Trait) beziehungsweise eine *dispositionale Dimension* begriffen (Steffgen et al., 2014). Wenn Menschen in der Alltagskonversation sagen: „Ich hasse Ratten" oder „Ich hasse die Stadt" oder „Ich hasse Grünkohl", dann hat es nicht die Bedeutung des Hasses, den wir in diesem Kapitel behandeln wollen. Es geht eher um eine Abneigung und Aversion.

4.1.2 Ärger und Hass

Der alltägliche Ärger ist ein komplexer emotionaler Zustand, der aus Kognitionen, Wahrnehmungen eigener Reaktionen und aus Handlungsimpulsen besteht (Steffgen, et al., 2014, S. 2). Dieser Zustand repräsentiert eine affektiv-emotionale Reaktion, die auftritt, wenn eine Person eine bestimmte Reizkonstellation (z. B. Provokation, Frustration, insbesondere Bedrohung) wahrnimmt. Typisch ist eine hochgradige psychophysiologische Erregung, die vielleicht deshalb notwendig ist, damit das Individuum befähigt wird, eine aversive Situation zu meistern. Der Charakter einer affektiv- emotionalen Reaktion auf Reize, die für Ärger charakteristisch ist, macht den Unterschied zum Hass aus. Denn für Hass bedarf es keine konkreten Reize, sondern die Zuschreibung fiktiver und zugleich stark generalisierter Merkmale, die immer negativ sind. Ein Unterschied besteht darin, dass Ärger vorübergehend ist. Man kann der Person, über die man sich geärgert hat, vergeben. Oder das Objekt und die Zielperson des Ärgernisses wechseln. Hass ist nicht vorübergehend, es ist eine persistente Böswilligkeit, die keine Ursache im konkreten Verhalten des Gehassten (des Opfers) hat.

Hass sprießt auf dem Boden von Vorurteilen. Einiges deutet darauf hin, dass die dispositionale Dimension ‚*Ärger*' gleichzeitig für Hass disponiert. Untersuchungen zeigen, dass die Hassenden ständig irgendwie verärgert sind.

4.1.3 Feindseligkeit und Hass

Hass unterscheidet sich von Ärger; er weist jedoch bestimmte Verwandtschaft mit anderen Emotionen auf, z. B. mit Feindseligkeit. Diese wird als eine destruktive Motivation angesehen, mit der ein Individuum intendiert, Objekte zu zerstören oder Menschen körperlich oder psychisch zu verletzen. Bei der Feinseligkeit dominiert diese destruktive, zerstörerische Intention. Sowohl bei Feinseligkeit als auch beim Hass manifestieren sich die *Schädigungsabsichten,* die jedoch beim Hass eine höhere Intensität aufweisen. Eine weitere Ähnlichkeit zwischen Feinseligkeit und Hass besteht darin, dass beide nicht direkt mit einem konkreten Objekt oder mit konkreten Objekten verbunden sein müssen. Sie können als eine *generalisierte Stimmungslage* auftreten. Ein Unterschied besteht jedoch darin, dass die Feindseligkeit Apriori keinen Handlungsimpuls beinhaltet, der Hass wird aber früher oder später in eine destruktive Handlung umgesetzt, und sei es denn *nur* als eine Verleumdung oder Rufschädigung.

4.1.4 Aggressivität, Aggression und Hass

Mit dem Begriff Aggressivität bezeichnet man eine Neigung eines Individuums beziehungsweise eine Wahrscheinlichkeit, dass dieses Individuum in bestimmten Situationen aggressiv reagieren würde (Zimbardo & Gerrig, 1999, S. 702). Eine Neigung ist eine anhaltende Disposition: sie wird als ein Persönlichkeitsmerkmal

4.1 · Was ist Hass? Möglichkeiten der Abgrenzung dieses Begriffs

91   **4**

kategorisiert. Dagegen wird eine Aggression als ein destruktives, schädigendes Verhalten definiert, das eine direkte Folgereaktion von Ärger ist (Steffgen & Pfetsch, 2007). Hasserinnen und Hasser zeigen in der Regel eine aggressive Grundhaltung. Die Aggressivität ist ein Verhalten, dass mit hassmotivierten Straftaten fest verbunden ist.

4.1.5 Rache und Hass

> ▶ Beispiel: Rache

Vor 15 Jahren wurde in Berlin Tempelhof die 23-Jährige Hatun Sürücü von ihrem jüngeren Bruder durch drei Kopfschüsse ermordet. Grund: Die junge Frau verhielt sich nicht nach den in einer traditionellen kurdischen Familie akzeptierten Normen. Die Familie Sürücü hat sich geschämt, weil Hatun kein Kopftuch tragen wollte, für ihren Schulabschluss lernte, statt zu Hause zu sitzen. Hatun wollte mit ihrem kleinen Sohn eigenständig leben, genauso, wie Tausende anderer Frauen in Berlin. In den Augen ihrer Familienangehörigen bedeutete es, dass Hatun die Familie besudelte und entehrte. Das musste gerächt werden. Die Familie wählte den jüngsten (noch nicht strafmündigen) Sohn aus, der die Rache – eine Hinrichtung – verüben musste. Ein älterer Bruder hat dem Rächer am Tatort einen moralischen Beistand geleistet. ◀

Wie unser Beispiel zeigt, soll mit Rache ein *Ausgleich* für eine Ungerechtigkeit erzielt werden. Dabei ist es belanglos, ob die Rächerin/der Rächer tatsächlich eine Ungerechtigkeit erfahren haben oder nicht. Die Familie von Hatun hat sich durch Hatuns Verhalten herabgesetzt, entehrt gefühlt. Das machte Hatuns Verhalten in Augen ihrer Familie zum unmoralischen Verhalten. Entsprechend den Wertvorstellungen, die hierzulande gelten, war es aber gar nicht unmoralisch. In vielen Kulturen wird *Rache* in solchen Situationen als unumgänglich betrachtet, um den Verlust des Ansehens auszugleichen und das soziale *Gleichgewicht wiederherzustellen*. Eine gewisse Voreingenommenheit, Stereotype (in unserem Beispiel hinsichtlich des erwünschten Verhaltens junger Frauen) müssen gegeben sein. Oftmals können eine geldliche oder andere Kompensation, ja sogar eine Entschuldigung ausreichen, um das Gleichgewicht wiederherzustellen.

Diese kultur- und sozialanthropologische Auffassung gilt jedoch nicht in der Psychologie, welche die *Rache als eine Emotion kategorisiert,* die beim *Gefühl der Unfairness* entsteht und zur persönlichen *Entlastung* führen soll (Miller, 2001). Häufige Motive sind Wunsch nach Wiederherstellung des *Selbstgefühls* der Beteiligten oder nach Gerechtigkeit und Sicherheit.

Amokläufe scheinen ebenfalls durch Rache motiviert zu sein – so die Analyse von Bannenberg et al. (2014). Bei den jungen Tätern manifestierten sich Persönlichkeitsauffälligkeiten, die tatbestimmend waren. Amokläufer sind fast ausschließlich Männer, wobei es sich oft um stille und überwiegend zurückgezogene männliche Personen handelt. Ein Gefühl tiefer Fremdheit scheint sie auszuzeichnen. Von der Gemeinschaft fühlten sie sich unbeachtet und gekränkt. Für dieses *Unrecht* wollten sie *Rache* üben. Typisch waren fehlende Freundschaften, fehlende

4

Beziehungserfahrungen und auch eine distanzierte Haltung zu gemeinsamen Aktivitäten Gleichaltriger (Bannenberg, et al., 2014). Durch die Darstellung ähnlicher Gewalttaten im Internet fühlten sich die potenziellen Amokläufer inspiriert. Sie identifizierten sich regelrecht mit anderen Tätern (Amoktätern, Massenmördern, Attentätern) oder virtuellen Rächer-Figuren und fühlten sich den *Straftätern,* den sie gleichen wollten, im gewissen Maße zugehörig (Fox & Levin, 2012). Dabei fühlten sie sich als Richter über Leben und Tod. Sie wollten sich für erlebte Kränkungen rächen. Die Rache kann für diese Jugendlichen einen Gewinn mit einem Belohnungsaspekt darstellen (Bannenberg, et al., 2014, S. 234).

Bei älteren Tätern – die Forschenden sprechen hier von *erwachsenen Tätern* im Alter von 25–71 Jahren – wurden zum Teil pathologische Wahnmotivationen, z. T. Vorstufen von Schizophrenie, gefunden. Diese manifestierte sich zum Beispiel als eine extreme Fixierung auf das *Männlichkeitsidol.* Die Tat ermöglichte ihnen eine Selbstinszenierung als *ein echter Mann.* Das Verhalten und die Beweggründe solcher erwachsenen Täter sind allerdings weitgehend unerforscht. Es scheint, dass für sie die medialen Vorbilder irrelevant sind. Identifiziert wurden kürzere und weniger detailversessene Planungen der Tat. Es fielen vermehrt Taten unter Alkohol- und Drogeneinfluss und mehr beobachtbare Tatauslöser auf (z. B. die Tat war eine Reaktion auf soziales und berufliches Scheitern).

Im Gegensatz zur Rache ist *Hass keine Vergeltung.* Es ist keine Antwort auf das Verhalten der Gehassten. "Wir hassen Personen und Gruppen, weil sie das sind, was sie sind, weniger wegen dessen, was sie tun" (Fischer, et al., 2018, S. 309). Hass basiert auf *negativen Zuschreibungen* und *irregeführtem Glauben.*

4.2 Tradition der Hassforschung in der Psychologie

Der Hauptunterschied zwischen Hass und den oben beschriebenen negativen Emotionen sowie Stimmungslagen Ärger, Feindseligkeit, Aggression oder Rache, findet sich in Handlungstendenzen und Zielen der Hassenden. Hass hat das Ziel zu schaden, zu erniedrigen ggf. zu töten und zu vernichten. Die Tötung und Vernichtung brauchen nicht im physischen Sinne verstanden werden. Sie können einen rein symbolischen Charakter haben (Bar-Tal, 2007). Die Gehassten müssen aus ihrer Lebensumwelt herausgedrängt und aus der bestehenden Gemeinschaft ausgestoßen werden. Sie werden ignoriert, ausgeschlossen, mental und/oder ökonomisch zerstört.

▶ **Beispiel: Judenhass**

Man kann es am Schicksal von Juden zu Beginn des Dritten Reiches nachvollziehen. Gleich nach 1933 wurden sie aus ihren Berufen hinausgedrängt, durften nicht am gesellschaftlichen Leben und kulturellen Ereignissen partizipieren, mussten eine erniedrigende Kennzeichnung tragen und den Ariern auf der Straße Platz machen. Sie durften keine romantische oder sexuelle Beziehung zu Nichtjuden eingehen, um die höher gestellte Rasse nicht zu besudeln. Erst später mündeten diese Hassäußerungen in Deportationen und der totalen Vernichtung. ◀

In den letzten Dekaden steigt das Interesse der **sozialpsychologischen** Forschung an der Hass-Thematik. Viele referierte Ergebnisse sind also relativ neu. In anderen psychologischen Subdisziplinen spielte der Hass traditionell eine wichtige Rolle, so in der klinischen Psychologie und der Entwicklungspsychologie.

In der **klinischen Psychologie** wird Hass als das Ergebnis von intrapsychischen Konflikten und Fantasien gedeutet (Blum, 1995). Diese Auffassung schöpft aus der **Psychoanalyse.** Dort ist Hass ein aggressives Antriebsderivat oder ein Affekt, der mit einer bestimmten Ego-Haltung zusammenhängt. Sigmund Freud (1990) nahm an, dass Hass mit dem Todestrieb verbunden ist. Freud lenkte die Aufmerksamkeit auf das *Extreme* im Hass: Dem Hass wohnt die Intention inne, das gehasste Objekt oder die gehasste Person zu vernichten. Die Psychoanalyse präsentierte Hass als den Gegensatz zur Liebe. Eine Feindschaft deutete sie als eine *mildere Form* von Hass (Blum, 1995). Einige Psychologinnen und Psychologen vertreten die Auffassung, dass eine mildere Form des Hasses, die nicht auf vollständige Eliminierung des gehassten Objekts oder des Menschen hinzielt, für die Hassenden durchaus funktional sein kann. Denn vielfach wollen die Hassenden die Objekte ihres Hasses erhalten (nicht zerstören), damit sie diese quälen und ihnen auf längere Sicht schaden könnten (Kernberg, 1993). Sie wollen die Zielpersonen ihres Hasses demütigen und unterwerfen, was nicht möglich wäre, wenn sie die Gehassten vernichten oder in irgendeiner Weise eliminieren würden.

Andere Psychoanalytikerinnen und Psychoanalytiker fanden den Ursprung von Hass im ödipalen Konflikt mit dem Vater. Im Zuge der Entwicklung gebe das Kind im Konkurrenzkampf mit dem Vater auf und akzeptiere die Übermacht des Vaters. Es bliebe jedoch ein *Ressentiment,* welches sich auf andere richte und welches einerseits aus Wut auf eigene Schwäche, andererseits aus Hass auf den Vater bestehe (Fromm, 1936 nach Decker & Brähler, 2018, S. 38 ff.).

In der **Entwicklungspsychologie** wird Hass als ein Ergebnis der kindlichen Frustration angesehen. Zum Beispiel, wenn sich ein Kind nicht beachtet fühlt, wenn es denkt, dass die Mutter es nicht liebt, sagt es: „Ich hasse meine Mutter!" Somit zeigt das Kind eine intensive negative Emotion gegenüber der Person, die es vermeintlich zurückweist und nicht liebt. Bei Kindern kommt Hass von der Verlustangst (Balint, 1952) und ist weder unmoralisch noch pathologisch. Das hassende (beißende, tretende, hauende) Kleinkind reagiert auf den Mangel von Zuneigung. Vielfach überdauert diese infantile Form des Hasses bis in das Erwachsenenalter. Man kann sie in den von Männern verübten Beziehungstaten identifizieren: Die Frau wird getötet, wenn sie den Partner verlassen will. Allerdings sind solche Taten auch der Ausdruck von Rache. Der Mann fühlt sich gekränkt und missachtet. Er inszeniert seine Tat als Rache für die subjektiv erlebte Kränkung.

Die oben aufgeführten Begriffe Ärger, Feindseligkeit und Aggression, die wir mit dem Begriff Hass kontrastierten, kommen bei allen Individuen manchmal vor. Bei einzelnen Individuen dominieren diese Affekte alle ihre Einstellungen und Handlungen. Für die Sozialpsychologie sind Affekte und Stimmungslagen jedoch nicht nur auf der interpersonellen Ebene zwischen zwei oder drei Individuen interessant, sondern im breiteren sozialen Kontext, nämlich auf der *Intergruppenebene.* Hass ist vor allem als ein kollektives Phänomen zu sehen (Halperin,

2011). Es kann sich zwar gegen Individuen oder auch die eigene Person richten (Selbsthass), jedoch ist er meistens gegen Gruppen gerichtet (z. B. die Wohnungslosen, Juden, Lesben usw.). Ist eine einzelne Person den Hassaggressionen und Hassattacken ausgesetzt, so meist deshalb, weil sie die Merkmale der gehassten Gruppe verkörpert, oder sich für diese einsetzt.

4

Exkurs: Intergruppenkonflikte

Eine Erklärungsmöglichkeit über das Entstehen des Hasses gegenüber andersartigen Gruppen wird von den sozialpsychologischen Theorien zur sozialen Identität abgeleitet. Der Psychologe Henri Tajfel untersuchte Vorgänge der Eingliederung von Menschen in soziale Gruppen. Vor allem das Phänomen der **Intergruppenkonflikte stand im Zentrum** seiner Aufmerksamkeit (vgl. Tajfel, 1981). Die eigene Gruppe bietet dem Individuum Sicherheit und Beständigkeit und ermöglicht ihm die Identifizierung mit dieser Eigengruppe (Ingroup). So entsteht das Wir-Gefühl. Gleichzeitig gewinnt die Abgrenzung zu anderen Gruppen (Fremdgruppen – Outgroups) an Relevanz, zumal diese *Outgroups* die Identität des Individuums und seiner Ingroup ‚bedrohen' können. Die Eigengruppe wird als überlegen angesehen. Wenn positive Unterschiede zwischen der eigenen und fremden Gruppe betont werden, wird das eigene Selbstwertgefühl der Mitglieder der Eigengruppe gestärkt. Die Fremdgruppe wird normalerweise „lediglich" abgewertet, um die Ingroup positiv, ja besser als die Outgroup erscheinen zu lassen. Aber wenn gehasst wird, reicht eine Abwertung und Diskriminierung nicht aus. Die Fremdgruppe (die Andersartigen) soll verschreckt, verjagt und eliminiert werden, was in vielen Fällen – speziell wie man aus der Geschichte aber oder gegenwärtigen Politik weiß – bis hin zum Mord an den Mitgliedern dieser Fremdgruppe führen kann. Chronische Hasserinnen/Hasser bewerten praktisch jede Aktion ihres verhassten Objekts durch die Brille ihres Hasses. Sie sind empfänglich für systematische Fehlinterpretationen (Ross, 1977) und Fake News.

4.3 **Akteure**

Forschende, die sich mit Hass befassen, sind überzeugt, dass man die Hassenden und die Gehassten nicht getrennt voneinander betrachten sollte, egal, ob man das Phänomen Hass auf der interindividuellen und Intergruppenebene untersucht.

Auf der individuellen Ebene entsteht Hass meistens aus einer längerfristigen Beziehung (Walters & Hoyle, 2012), nicht aus einer vorübergehenden Emotion. Oft ist die Beziehung zwischen den Hassenden und Gehassten sogar intim, wie Studien von Aumer et al. (2016) zeigen. Hass und Liebe sind miteinander verbunden – so wie es die Psychoanalytiker postulierten (Aumer et al,. 2015). Die Forschenden fragten Untersuchungspersonen, wen sie derzeit lieben und hassen und wen sie jemals hassten und niemals hassten. In beiden Fällen wurden Personen genannt, zu denen die Hassenden eine intensive Beziehung unterhalten oder unterhielten: Familienmitglieder, nahe Freunde, Arbeitskolleginnen und Arbeitskollegen oder Partnerinnen/Partner. Bei weiteren Untersuchungen stellte sich zudem heraus, dass diese Beziehung für die Hassenden nicht zufriedenstellend verlief und keine gute Qualität hatte (Aumer-Ryan & Hatfield, 2007).

Wenn man sich von dem persönlichen Level und der Interaktion zwischen wenigen Personen zu Beziehungen zwischen Gruppen bewegt, zeigt sich, dass die hassende Person keine gehassten Personen tatschächlich kennen muss. Man hasst das, was die Gehassten repräsentieren: Macht, Wert, Status, Identität. Menschen hassen homosexuelle Männer, weil die denken, dass diese Männer etwas Unnatürliches darstellen. Die gehassten Charakteristika der Hassopfer werden von den Hassenden als stabil, als *unveränderbar betrachtet.* Deshalb glauben Hassende, dass man die Gehassten radikal beseitigen und zerstören muss. Man hält sie nämlich für unverbesserlich.

Hass ist ein kollektives Phänomen: Er geht von einer Gruppe (einem Kollektiv) hassender Menschen aus und richtet sich ebenso gegen eine Gruppe (einem Kollektiv) gehasster Menschen. Diese Überzeugung wird von der Gruppen- und Minoritätsforschung unterstützt (Tajfel, 1981). Die gehasste Gruppe (soziale Kategorie) zeichnet sich weder durch eine Struktur noch eine Organisation oder eine Hierarchie aus. Sie ist eher durch bestimmte (oft symbolische und ihr zugeschriebene Merkmale) verbunden, ist also ihrem Charakter nach eher eine amorphe soziale Gemeinschaft, die aufgrund des Merkmals Unerwünschtheit (für die Hasserinnen und Hasser) und aufgrund weiterer Merkmale verbunden ist. Ein Merkmal kann z. B. die sexuelle Orientierung sein, die von der Heterosexualität abweicht. Menschen, die unter diese Kategorie subsumiert werden, brauchen gar nicht homosexuell zu sein. Ihnen werden jedoch bestimmte entwertende Merkmale angedichtet, die aus dem entsprechenden Vorurteil über Homosexuelle entlehnt sind. In Schulen kann man beobachten, dass Jungen, die nicht grob sind und sich nicht dauernd prügeln wollen, *Schwulis* gerufen werden. Sie werden zusammen mit der Kategorie Homosexuelle gehasst.

Genauso erfüllen die Hasserinnen und Hasser das Kriterium der Kollektivität. Sie äußern gleiche Einstellungen und zeigen gleiche oder ähnliche Verhaltensweisen. Die Hassenden fühlen sich oft als Opfer der Umstände, gegen die sie sich nicht wehren können, und die sie den Gehassten anlasten. Sie ist überzeugt oft, dass sie schlecht behandelt wurden und zu kurz gekommen sind: Juden haben das ganze Geld, das den anderen Menschen fehlt. Zugleich sehen die hassenden Individuen in der gehassten sozialen Kategorie die Menschen, die weit unter ihnen stehen und ganz nach unten gehören. Hass ist ein **Prozess,** dessen **Dynamik** dadurch angetrieben wird, dass das hassende Individuum andere Individuen **dominieren** will. Die Hassenden wollen Macht haben und das erfordert eine gleichzeitige Marginalisierung eines anderen Individuums oder einer Gruppe von Menschen. Die/der Hassende wünscht als überlegen wahrgenommen zu werden. Mit den Hassäußerungen – ob es nun Hassreden, die Hetze oder hassmotivierte Taten sind – wird eine Nachricht an die potenziellen Opfer und die Umwelt gesandt: „Diese Personen gehören nicht hierher, sie müssen weg!"

4.3.1 Menschen, die hassen (Hasserinnen und Hasser)

Wissenschaftlerinnen und Wissenschaftler befassten sich mit intrapsychischen Besonderheiten der Hassenden. Aber insgesamt ist bisher noch nicht genug bekannt über Einstellungen, Überzeugungen, Traumata und Verhaltensmotivation der Hassenden. Gefunden wird immer wieder eine persistente verärgerte und böswillige Stimmung bei den Hasserinnen und Hassern. Sie ärgern sich über Frauen, Ausländerinnen und Ausländer, prominente Personen, Medienvertreterinnen und -vertreter und so fort. Die Zielgruppe einer hassmotivierten Gewalttat muss also nicht von vornherein feststehen. Sie kann sich *zufällig* aus der Reihe der Gruppen ergeben, über die sich die Hasserin/der Hasser permanent ärgert und die sie/er zunächst unterschwellig hasst. Nach Neil Chakraborti & Jon Garland (2012, S. 503) bedarf es eines bestimmten Ereignisses, das als *Auslöser* fungiert, um den Hassmechanismus in Gang zu setzen. Dieser hat das Ziel hat, die gehassten Menschen zu unterdrücken, zu vertreiben oder zu vernichten. Solche Auslöser sind oftmals ziemlich unbedeutend. Aber sie können die Zielrichtung des Hasses bestimmen und darüber entscheiden, ob eine Synagoge, ein Jugendferienlager oder ein Bürgermeister angegriffen werden.

Die persistente Verärgerung und kontinuierliche Feindseligkeit gedeihen am besten in den Gruppenmilieus, deren Mitglieder sich in ihrer Interaktion permanent anstacheln und ihren Ärger – z. B. durch die Verbreitung von Fake News – forcieren.

Bei den Hassenden identifizieren Sozialpsychologinnen und Sozialpsychologen regelmäßig das Gefühl einer gewissen sozialen Benachteiligung, eine deutliche soziale Isolation und Gewalterfahrung, die aus der Herkunftsfamilie oder Schule stammt. In der öffentlichen Meinung und in medialen Reflexion der Hass-Dramen werden diese Einflüsse jedoch überschätzt und missinterpretiert: „Es muss doch jemand da sein, der es zu verantworten hat!" so die laienhafte Ansicht. Als schuldig findet man eventuell die pöbelnde Mitschülerschaft, die Strenge Ausbildungsstätte, die unsensible Schulleitung, den Vergewaltiger-Onkel, fehlenden Vater oder die prügelnde Mutter. Diese Einflüsse sind höchstens *Katalysatoren der Persönlichkeitsentwicklung* der Hasserin/des Hassers, nicht jedoch Ursachen des Hasses und noch weniger der Hasstaten.

Die **Inter**gruppenforschung führte zu der Erkenntnis, dass die Personen gehasst werden, die aus der Homogenität ihrer Gruppe ausschären (wollen), die sich z. B. um den sozialen Aufstieg bemühen oder sich in einer anderen Art und Weise *den Normen ihrer Ingroup entziehen.* Auch in diesem Fall bleibt Hass ein Gruppenphänomen, obwohl er sich gegen eine einzelne Person (Gruppenmitglieder) richtet.

4.3.2 Menschen, die gehasst werden (Opfer)

Hass richtet sich signifikant überhäufig gegen Gruppen und soziale Kategorien, insbesondere solche, die allgemein stigmatisiert werden. In unserer Gesellschaft werden am häufigsten Menschen mit dunkler Hautfarbe, Juden, Schwule und Lesben gehasst (Sugerman et al., 2018).

Natürlich gibt es auch viele andere vorurteilsbehaftete und stigmatisierte soziale Gruppen, die regelmäßig Opfer von kriminellen Hasstätern werden: In Berlin und Umgebung wurde jüngst eine wohnungslose Person von jungen Männern angezündet. Menschen mit Behinderungen werden oft überfallen, geschlagen oder vergewaltigt. Ebenso werden ältere Personen häufig misshandelt, bestohlen, ja sogar umgebracht. Aber die Frage, ob es sich bei diesen Ereignissen tatsächlich um hasskriminelle Taten handelt, ist umstritten. Einige Expertinnen und Experten schlagen vor, alle stigmatisierten Gruppen als potenzielle Opfer von Hasskriminalität anzusehen, z. B. Wohnungslose, Sexarbeiterinnen und Sexarbeiter, Geflüchtete oder Asylantinnen und Asylanten. Andere Wissenschaftlerinnen/Wissenschaftler warnen vor dieser Auslegung. Sie sind überzeugt, dass diese Sichtweise dazu führen würde, dass man auf diese Weise das konstitutive Merkmal der Hasskriminalität, nämlich ihre außerordentliche Schwere, verniedlichen würde (Chakraborti & Garland, 2012). Bei der Hasskriminalität und Hassgewalt geht es um mehr als um eine aggressive Gewalttat. Wie schon an mehreren Stellen dieses Lehrbuchs unterstrichen, ist die Hassgewalt anhaltend, stabil, generationsübergreifend wirkend und in bestimmten Kulturen fest verankert.

Chakraborti & Garland (2012) warnen vor einer vorschnellen Verallgemeinerung des Begriffs Hass und Hassgewalt. Gleichzeitig weisen sie darauf hin, dass der Forschungsstand im Hinblick auf die Viktimisierung von Obdachlosen oder von Sexarbeiterinnen und Sexarbeitern bisher sehr mager ist.

Gegenwärtig besteht die Tendenz, alle Äußerungen der fremdenfeindlichen Vorurteile als „Rassenhass" (und Rassismus) zu bezeichnen. Dabei wird oft unzulässig pauschalisiert, wie das Beispiel aus Südostasien belegt. Man spricht etwa vom *Hass gegen Asiaten,* was Chakraborti und Garland (2012) für absolut undifferenziert halten. Es geht dort um mehr als zehn verschiedene Völker: Vietnamesinnen/Vietnamesen, Koreanerinnen/Koreaner, Tai, Japanerinnen/Japaner, verschiedene Bevölkerungsgruppen Indiens und teilweise auch Chinas etc. Gegen alle von ihnen richten sich sehr unterschiedliche Vorurteile. Sie werden einer unterschiedlichen Weise und zum unterschiedlichen Grad verfolgt und attackiert. Zum Teil bestehen erhebliche gegenseitige Vorurteile zwischen diesen Bevölkerungen, die bis zum Rassenhass ausarten. In der mangelnden Differenzierung liegt nach Meinung von Chakraborti & Garland (2012) eine wichtige Ursache für die bestehenden Kenntnislücken.

Hasskriminalität ist ein Ergebnis von Vorurteilen und der langfristigen Viktimisierung. Sie wird jedoch oft von der sozialen Benachteiligung, etwa sozialen Isolation und wirtschaftlicher Schwäche verschärft. Einige Forschende, die eine Relation zwischen den Täterinnen/Tätern und den Opfern betonen, zeigen auf, dass Täterinnen/Täter oft selbst benachteiligt sind (Walters & Hoyle, 2012). Die gleiche prekäre Nachbarschaft, aus der die potenziellen Opfer stammen, die soziale Diskriminierung der Herkunftsfamilien und ökonomische Deprivation charakterisieren regelmäßig die Gruppen, aus denen sich die Hasserinnen/Hasser und speziell auch die Hasskriminellen rekrutieren (Nation, 2008). Benachteiligte oder andersartige Bevölkerungsgruppen werden attackiert, wenn sie sich aus ihrer Marginalität befreien wollen.

Hass intensiviert sich, wenn sich die Opfer – Zielpersonen der Hasskriminalität – aus der jeweiligen benachteiligten Gruppe herauslösen wollen. Gerade deren soziale Aufstieg ist in vielen Fällen der Grund, warum sie zu Opfern werden. Diejenigen, die keine Chance haben, einen Aus- oder Aufstieg zu schaffen, sind jederzeit zur Aggression bereit, „um ihnen zu zeigen, wohin sie gehören" (Walters & Hoyle, 2012).

4

Exkurs: Verwundbare Gruppen und Individuen – Vulnerabilität

Der Begriff **Vulnerabilität** ist nicht eindeutig umrissen (Misztal, 2011). Er bezieht sich „auf die Wahrnehmung der Exposition gegenüber einer Gefahr, auf den Verlust der Kontrolle über die Situation und auf die Wahrnehmung der unangemessenen Fähigkeit den direkten oder indirekten Konsequenzen der Gefährdung zu widerstehen" (Cops & Pleysier, 2011, S. 9). Zu den typischen vulnerablen Gruppen gehören machtlose Personen, die der Diskriminierung, Intoleranz, Unterwerfung und dem Stigma ausgesetzt sind. Beispiele: Ältere, Wohnungslose, Sexarbeiterinnen und Sexarbeiter, Geflüchtete, psychisch Kranke und andere marginalisierte Menschen. Der Begriff wird international viel genutzt, nicht nur in der Psychologie und Medizin, sondern in der Kriminalstatistik und Rechtswissenschaft.

Forschende, die sich mit dem Phänomen Hass befassen, haben zu dem Begriff Vulnerabilität eine ambivalente Haltung.

- Erstens deshalb, weil aus diesem Begriff eine Stigmatisierung resultieren kann, z. B. die der Behinderten. Diese Gruppe ist zwar benachteiligt, nicht jedoch unbedingt einer erhöhten Hasskriminalität ausgesetzt.
- Zweitens signalisiert die Bezeichnung „vulnerabel" immer eine Schwäche und hat eine paternalistische Konnotation. Gegenüber den Vulnerablen steht die mächtige Mehrheit der anderen Menschen, die weder schwach und vulnerabel noch auf eine Fremdversorgung angewiesen sind. Beispiel: In der Coronakrise wurde das Wortes missbräuchlich verwendet, da alle hochbetagten Menschen als Heimbewohner präsentiert wurden.
- Drittens signalisiert ‚vulnerabel', dass die so Attribuierten *potenzielle Opfer* sind. Die sie potenziell Gefährdenden beziehungsweise die Angreiferinnen und Angreifer wollen sie als Opferpersonen darstellen, die schwach, unfähig, machtlos und wehrlos sind. Solche Individuen kann, ja muss man, attackieren, weil sie dazu buchstäblich einladen. Die Straftaten gegenüber vulnerablen Menschen kommen häufig vor (z. B. auch in Einrichtungen der Gesundheits- und Altenversorgung), wobei es sich eher *nicht um Hasstaten* handelt. Wir haben bereits unterstrichen, dass die Hassgewalt nicht durch konkrete Merkmale bestimmter Individuen und Gruppen hervorgerufen wird, sondern damit, wie diese Merkmale in der Gesellschaft und in Augen der Angreiferinnen/Angreifer bewertet werden.

4.4 Hassrede (Hate Speech) und die Rolle der sozialen Medien

Was versteht man unter Hassrede? Darauf gibt es keine einheitliche Antwort (Ross et al., 2017). Warner & Hirschberg definierten die Hassrede als beleidigende Äußerung, die auf Merkmale spezifischer sozialer Gruppen zielt, etwa auf die ethnische Herkunft, Religion, Geschlecht oder sexuelle Orientierung (Warner & Hirschberg, 2012). Hate Speech ist vor allem „als gruppenbezogene Ausgrenzung und Herabwürdigung (z. B. im Hinblick auf Herkunft, Geschlecht, Religionszugehörigkeit oder Behinderung von Menschen)" und als „ein Problem auf gesellschaftlicher Ebene" zu sehen (Schmitt, 2017, S. 52).

» **Definition des Ministerkommittees des Europarates von 30. Oktober 1997:**
   Jegliche Ausdrucksformen, welche Rassenhass, Fremdenfeindlichkeit, Antisemitismus oder andere Formen von Hass, die auf Intoleranz gründen, propagieren, dazu anstiften, sie fördern oder rechtfertigen, einschließlich der Intoleranz, die sich in Form eines aggressiven Nationalismus und Ethnozentrismus, einer Diskriminierung und Feindseligkeit gegenüber Minderheiten, Einwanderern und der Einwanderung entstammenden Personen ausdrückt. (Europarat, 1997)

In der letzten Zeit werden immer mehr Listen mit Verunglimpfungen und Beleidigungen angefertigt, die helfen sollen, Hassreden und Hassinhalte zu erkennen. Das hat eine rechtliche Bedeutung. Immer wieder müssen Gerichte entscheiden, ob eine beleidigende und verunglimpfende Äußerung den Tatbestand der Hassrede erfüllt oder ob es sich um eine freie Meinungsäußerung handelt, die grundgesetzlich geschützt ist (Baker, 2008). Die Hassrede mit rassistischen und fremdenfeindlichen Inhalten ist strafbar (Rat der Europäischen Union, 2008). Auch dann, wenn die Opfer nicht eine Strafanzeige erstatten, müssen die EU-Mitgliedsstaaten die Hassrede (und natürlich auch die hassbedingten Straftaten) verfolgen.

Das Erfordernis dafür, dass man nach generell gültigen Kriterien sucht, um die Hassrede (Hate Speech) zu identifizieren, steht im Zusammenhang mit **sozialen Medien.** Deren Betreiber haben die gesetzliche Auflage, Hassreden zu identifizieren und aus dem Internet zu entfernen, und zwar innerhalb von 24 h nach der Veröffentlichung. Soziale Plattformen dürfen keine Anstachelung zum Hass oder zur Gewalt aufgrund von Rasse, Herkunft, Religion und Abstammung veröffentlichen. Genausowenig dürfen sie Verbrechen gegen die Menschlichkeit oder gegen bestimmte Bevölkerungsgruppen billigen, Leugnen oder verharmlosen.

Es besteht ein großer Bedarf an Tools, die helfen würden, die Elemente von Hate Speech zuverlässig (reliabel) und vor allem automatisch zu erkennen. Die Hassverbreitung über soziale Medien hängt damit zusammen, dass es sich beim Hass in erster Linie um ein Gruppenphänomen handelt. Das unterscheidet Hass von anderen negativen Emotionen. Individuelle Gründe zum Hassen (z. B. Rachegefühle) verlieren relativ schnell an Bedeutung. Auch wenn sich Hass zunächst als eine individuelle Emotion oder Stimmungslage manifestiert, wird er schnell von intrapersoneller Ebene auf die Gruppenebene transferiert (Fischer et al., 2018, S. 314).

Auf der Intergruppenebene bedarf es keiner persönlichen Beziehung zwischen den Hassenden und Gehassten. Hass steigert sich sogar, wenn man zu wenig oder gar keine Kontakte zu der gehassten Gruppe hat. Das hat schon der Psychologie-Klassiker Allport (1954) postuliert, der meinte, dass das Fehlen direkter Interaktion zwischen Gruppen zu Vorurteilen und zum Hass führt. Da die Kontakte über die sozialen Medien vorwiegend virtuell erfolgen, sind sie hervorragend geeignet, Hass in allen seinen Formen, also auch als Hate Speech, zu fördern.

Die Abwesenheit der direkten Interaktion wird durch die Anonymität auf die Spitze getrieben. Schon in den gängigen sozialen Medien – Twitter, Facebook, Instagram – ist sie gegeben, aber nicht in dem Maße, wie in den Medien, die von Hassern und politischen Extremisten bevorzugt werden, z. B. Whisper, Secret, neuerdings speziell Telegram. Diese repräsentieren eine Subkategorie der sozialen Medien. Ihre Nutzerinnen und Nutzer lassen sich schwer identifizieren, schon auch deshalb, weil sie sich zu keinem Nutzerkonto zuordnen lassen. Zudem müssen keine persönlichen Profile anfertigen.

Neben der fehlenden Abwesenheit der direkten Interaktion identifizierten Fischer, et al. (2018) drei Faktoren, die dafür verantwortlich sind, dass sich die Hasskommunikation (Hassrede) auf dem Intergruppenlevel so leicht verbreiten lässt:

1. Hass wird mithilfe der Hassrede *zwischen Gruppenmitgliedern geteilt.* Rimé (2009) nahm an, dass der Hass zwischen ähnlich gesinnten Personen oder Mitgliedern einer Gruppe fast immer geteilt wird. Das trifft insbesondere dann zu, wenn die Mitglieder gemeinsame negative Erlebnisse hatten. Eine Generalisierung ist für den individuellen Hasser wichtig. Sie/er sieht sich in Recht und wird durch das Kollektiv – vor allem der anderen Nutzerinnen und Nutzer sozialer Medien – bestärkt. Speziell dort sammeln sich viele Nutzerinnen und Nutzer, die bereit sind, Hassgefühle zu teilen. Insbesondere wenn eine gemeinsame Basis, vielleicht aufgrund eines besonderen Vorkommnisses kreiert werden kann.

2. Menschen, die sich benachteiligt fühlen, übertragen dieses Gefühl auf die *nachfolgenden Generationen* oder haben das Gefühl ihrer Schlechterstellung oft selbst vor der vorangehenden Generation übernommen. Die heutige Hassrede ist eine *Vorhersage* der künftigen hasserfüllten Empfindungen und des hasserfüllten Verhaltens. Untersuchungen zeigen, dass die Werte und Einstellungen, die den Hassreden zugrunde liegen, bereits in der Kindheit herausgebildet werden und sind somit in der Persönlichkeit verankert (Heitmeyer, 2005, Schmitt, 2017). Hass ist ein *intergenerationelles und interkulturelles* Phänomen (De Leersnyder et al., 2015), das mittels der Hasskommunikation kolportiert wird.

3. Wenn die *persönliche Kommunikation* zu einer negativ beurteilten oder sogar gehassten Gruppe *fehlt,* kann diese Einstellung zu der Gruppe nicht korrigiert werden. Sie bleibt unverändert und ist stabil. Das konnten Pettigrew & Tropp (2006) auf der Basis der Kontakttheorie konstatieren. Apelle, Aufklärungsmaßnahmen etc. sind in solchen Situationen wenig wirksam.

Soziale Medien repräsentieren das beste Instrument der Distribution von Hate Speech. Mit ihrer steigenden Popularität steigt zugleich die Frequenz von Hassreden. Etwas Verunglimpfendes zu posten ist einfach: dazu wird weder eine große

Mühe noch viel Zeit benötigt. Der Ertrag ist jedoch unverhältnismäßig groß, da die Hassäußerungen von Millionen angeklickt und gelesen werden können. Diese Postings reflektieren einerseits existierende Vorurteile, andererseits können sie neue, negative Stimmungen gegenüber den verhassten Zielpersonen induzieren. Hassreden führen zu öffentlichen Gewalttaten. Deshalb haben Hassreden immer auch eine politische Bedeutung.

Chetty & Alathur (2018) differenzieren Hassreden nach der Identität der Zielgruppen: Sie sprechen von „Gendered Hate Speech", also die Hassrede, die sich gegen Frauen und Mädchen richtet, „Religious Hate Speech" die sich gegen Religionen (Islam, Hinduismus und Christentum) richtet und als sehr gefährlich betrachtet wird, rassistische Hassreden, Hassreden gegen Behinderte (wobei die Behinderung nicht real existieren muss, sondern auf einer bloßen Zuschreibung beruhen könnte) sowie „Hybrid Hate Speech". Die zuletzt genannte Kategorie ist an kein soziales oder demografisches Merkmal gebunden. Sie adressiert gleichzeitig verschiedene Gruppen und Identitäten (Chetty & Alathur, 22018018, S. 115).

4.5 Hassmotivierte Gewalt und Hasskriminalität – Hate Crime

Neuerdings entwickelt sich die Thematik Hass und hassmotivierte Gewalt zum wichtigen Gegenstand der Sozialpsychologie. Bisher blieb die sozialpsychologische Forschung meistens bei den Stereotypen, Vorurteilen und der sozialen Diskriminierung stehen. Aber es wird immer deutlicher, dass es um mehr geht und dass eine *direkte Verbindung* zwischen Vorurteilen, Diskriminierung und Hassgewalt besteht. Hassmotivierte Gewalttaten verbreiten sich *epidemisch* in den USA und in Europa, das heißt auch in Deutschland.

Aus Analysen von polizeilichen Statistiken geht hervor, dass sich hassmotivierte Gewalttaten unterscheiden, je nach dem, gegen wem sie sich richten (Sugerman et a., 2018). Die Zielgruppe ,schwarze Menschen' in den Vereinigten Staaten und ,Immigrantinnen und Immigranten' in Europa ziehen eindeutig *körperliche* Attacken auf sich. Hassmotivierten Gewalttaten gegen religiöse Gruppen richten sich eher gegen Symbole, materielle Güter und/oder Besitztümer: Bauten, Synagogen, Versammlungshäuser, Autos usw. Entsprechende Informationen aus Kriminalberichten sind nicht zuverlässig, weil die hassmotivierte Gewalt nicht immer angezeigt wird. Man spricht von der Spitze des Eisbergs (Sugerman et al., 2018, S. 650).

Die hassmotivierte Gewalt ist eine zielgerichtete Handlung, die sozial unerwünscht und unnötig ist und die *immer* bestimmten Gruppen, Individuen und zu ihnen gehörende Sachmittel beschädigen oder zerstören soll. Hassmotivierte Taten sind jedoch auch Verleumdungen, schriftliche Äußerungen und Hassreden. Auch sie erfüllen die Kriterien der Gewalt. Wissenschaftlerinnen und Wissenschaftler entwickelten verschiedene Taxonomien, mit denen Gewalttaten kategorisiert werden. Neuerdings ist die *Zielgruppe der Tat* ausschlaggebend. Richtet sich die Gewalt gegen Menschen mit dunkler Hautfarbe oder einer bestimmten

sexuellen Orientierung, wird *die Tat als Hasstat* angesehen. Eine moralische De-
gradierung oder der soziale Ausschluss sowie ökonomische Ausbeutung dieser
Bevölkerungsgruppen werden meistens den Hassgewalttaten zugeordnet (Bandura, 2002; Kteily et al., 2015).

Hasskriminalität ist ein Begriff, der ungefähr vor dreißig Jahren in Erscheinung trat. Heute ist die Hasskriminalität im Zentrum der öffentlichen und politischen Besorgnis. „Hasskriminalität repräsentiert eine besondere Form der Aggression zwischen Personen und Gruppen, die Vandalismus, Einschüchterung,
Belästigung, körperliche und verbale Angriffe und in extremen Fällen auch Mord
einschließen kann" (frei übersetzt nach Craig, 2002, S. 85–86). Das Konzept der
Hasskriminalität – „Hate crime" – ist eine Art ‚Schirmkonzept' (Umbrella Con-
cept), das verschiedene Angriffe und Gewalttaten gegen Minoritäten vereinigt
(Chakraborti & Garland, 2012).

Hassverbrechen sind illegale Handlungen gegen Menschen, die gezielt als Opfer
ausgesucht werden, und zwar auf der Basis von Vorurteilen. Zu den Opfern zählen
vor allem ethnische und religiöse Minderheiten, eventuell auch Schwule, Lesben,
Intersexuelle sowie Menschen mit geistigen oder körperlichen Behinderungen.

In der sozialpsychologischen und soziologischen Literatur wird diskutiert, dass das Konzept „Hasskriminalität" ein **soziales Konstrukt** ist, da es sich in
Wirklichkeit um ein **komplexes Netz** von **Ereignissen, Strukturen und ablaufenden
Prozessen** handelt. Diese werden von Fachleuten – z. B. Wissenschaftlerinnen und
Wissenschaftlern, Juristinnen und Juristen oder auch den Opfern selbst – unter
dem Begriff **Hate Crime** zusammengefasst. Ein entscheidendes Merkmal ist jedoch, dass die Hasskriminalität schwerwiegender ist und die *Opfer intensiver
schädigt* als die meisten anderen kriminellen Taten (Iganski, 2001). Ferner wird
die Hasskriminalität durch das Merkmal *illegale Motivation* gekennzeichnet. Für
die Planung und Durchführung der zur Hasskriminalität gehörenden Aktivitäten
werden heute Soziale Netzwerken genutzt (Chetty & Alathur, 2018, S. 108). Extremisten und Terroristen nutzen sie für die Knüpfung von Kontakten und die
Rekrutierung gleichgesinnter Personen.

Wir unterstrichen bereits, dass die Intensität und oft auch das Ausmaß der
Straftat die Hasskriminalität von anderen Straftaten unterscheidet. Craig identi-
fizierte jedoch weitere Merkmale der **hassinitialisierten Aggressionsformen** (Craig,
2002):

1. **Funktion:** Mit dem Hassverbrechen soll mehr erreicht werden, als nur eine
   Person (mehrere Personen) zu schädigen. Dieses Verbrechen hat auch eine
   symbolische und instrumentelle Funktion.

   a. Die **symbolische Funktion** bedeutet, dass mit der Tat eine *Nachricht* ausge-
      sendet wird: „Sieh da, diese Person ist abartig und verachtenswert" (z. B.
      weil sie schwul ist) „und deshalb haben wir sie verprügelt." Die Opfer sol-
      len *gebrandmarkt* werden. Der Täterin und dem Täter ist es egal, ob sich die
      Person (das Opfer) selbst als schwul outet, ob sie sich als vollwertig oder
      minderwertig fühlt und ob sie sich mit der homosexuellen Gruppe identi-
      fiziert. Den Täterinnen oder Tätern geht es darum *öffentlich zu verkünden,*
      dass die gehassten Opfer minderwertig und abnormal sind.

b. Die **instrumentelle Funktion** bedeutet, dass das Opfer und alle Personen, die das gleiche Merkmal tragen (oder denen diese Merkmale zugeschrieben werden), weitere Aktionen zu erwarten haben. Die Nachricht lautet: „Schwule, wir wissen wo/wer ihr seid und wir kommen …". Die instrumentelle Funktion soll bei potenziellen Opfern *Unsicherheit und Angst* verbreiten.

2. **Hasskriminalität ist in der Regel eine Gruppenkriminalität.**
   Zweidrittel von Hassverbrechen wird von mehreren Tätern (seltener auch Täterinnen) verübt (Craig, 2002). Im Zeitalter von Sozialen Medien müssen keine weiteren Personen direkt involviert sein. Es reicht aus, wenn die Täterin oder der Täter mit weiteren Personen oder Gruppen *vernetzt* sind. Auch wenn die Polizei oft erst von „Einzeltätern" spricht, stellt sich früher oder später heraus, dass die Täter oder der Täter zu irgendeinem **Netzwerk** gehören oder mindestens gehören wollen. Dadurch wird den individuellen Täterinnen oder Tätern die *persönliche Kontrolle* partiell abgenommen. Dieses Phänomen wird **Entindividualisierung** (oder De-Individualisierung) bezeichnet und ist aus Ereignissen, wie z. B. Mob-Aufruhr, bekannt (Festinger et al.,1952). Das Netzwerk offeriert den Täterinnen und Tätern eine Art Unterstützung und Absicherung. Es stachelt zu weiteren aggressiven Handlungen an.

3. **Hasskriminalität hat *negative Konsequenzen für die Individuen.***
   Mehrere Studien zeigten, dass die Hasskriminalität die betroffenen Opfer (sowie auch potenzielle Opfer) besonders stark **unter Druck** setzt und dass sie häufiger als normale Verbrechen das posttraumatische Syndrom verursacht (vgl. Craig, 2002, S. 88). Ängste, Vermeidungsverhalten oder Rückzug und Verzweiflung (bis hin zum Selbstmord) können die Folgen sein.

4. **Hasskriminalität hat *negative Konsequenzen* für *soziale Beziehungen.***
   Ein Hassverbrechen erzeugt Misstrauen und Angst. Es zwingt die Opfer, sich mit der abgewerteten Gruppe zu identifizieren. Das ist aus Berichten jüdischer Überlebenden bekannt. Auch wenn sie ursprünglich nicht jüdisch erzogen worden sind, begannen sie sich als Juden zu fühlen, sobald nazistische Übergriffe auf jüdische Menschen ansetzten.
   Manchmal provoziert die Hasskriminalität eine Gegenreaktion in der Form einer Gegengewalt. Diese folgte zum Beispiel den rassistischen Übergriffen in den USA.

Die **Hasskriminalität** hat nicht nur eine Ursache. Vielmehr differieren die Ursachen nach Täterinnen oder Tätern, nach Zielgruppen des Hasses sowie ihrer Zugehörigkeit zu sozialen oder religiösen sozialen Kategorien oder auch vorherrschenden Ideologien und Überzeugungen. Wie schon mehrmals betont, ist eine Ursache ein tiefes Ressentiment gegenüber Minoritäten (Craig, 2002, S. 90). Bei einer näheren Betrachtung ist dieses eher eine oberflächliche Ursache, die mehrere tieferliegende Gründe haben kann. Die Gruppen- und Minoritätenforschung zeigte, dass Angehörige einer Gruppe dazu tendieren, diese (also ihre eigene In-Group) aufzuwerten bei einer gleichzeitigen Abwerten der Fremdgruppen (Out-Group) (vgl. Tajfel & Turner, 1986). Heterosexuelle Personen glauben oft, dass sie ‚normal' sind und deshalb etwas Besseres als ihre homosexuellen Mitbürger darstellen. Diese werden oft als minderwertige, ja abartige Individuen betrachtet. Es gibt auch evolutionsbiologische Erklärungsmodelle, nach denen der Hass gegenüber Fremden auf die Evolution des Homo Sapiens zurückzuführen ist. Andere Erklärungstheorien sehen die Ursachen in wirtschaftlicher Ungleichheit und gesellschaftlicher Benachteiligung.

❓ Fragen

1. Vergleichen Sie bitte Ärger und Hass. Welche Unterschiede oder aber welche Gemeinsamkeiten können Sie feststellen?
2. Hass weist bestimmte Merkmale auf, die sich auch bei der Feindseligkeit manifestieren.
   a. Welche sind die verwandten Merkmale?
   b. Worin sehen Sie den Hauptunterschied zwischen Feindseligkeit und Hass?
3. Wie bezeichnet man in der Sozialpsychologie die eigene Gruppe, der man selbst angehört? Und wie ist die Bezeichnung für die Fremdgruppe?
4. Was ist „Rache" aus psychologischer Sicht?
5. Worin sieht die Entwicklungspsychologie die wichtigste Ursache von Hass?
6. Hasskriminalität zeichnet sich durch bestimmte Merkmale aus, die sie von anderen Aggressionen unterscheiden. Welche Merkmale sind es?
7. Was verstehen Sie unter „Vulnerabilität"? Warum zögern viele Sozialpsychologinnen und Sozialpsychologen die Vulnerabilität als Ursache für den sozialen Hass anzusehen?
8. Chetty & Alathur differenzierten die Hassreden (Hate Speeches) nach der Zielgruppe, gegen die sich der Hass richtet (Chetty & Alathur, 2018). Was meinten sie mit der Bezeichnung „Hybrid Hate Speech"?
9. Craig (2009) beschrieb eine Reihe von Merkmalen der hasskriminellen Aggression. Was bedeutet die Feststellung, dass die Hasskriminalität unter anderem auch eine symbolische Funktion hat?

✅ Antworten

1. Ärger ist ein komplexer emotionaler Zustand, der als eine Reaktion auf bestimmte Reizkonstellationen, z. B. eine Provokation oder Frustration, auftritt. Ärger ist eine vorübergehende Reaktion. Für Hass bedarf es keiner konkreten Reize. Gehasst wird nicht wegen irgendetwas Konkretes, sondern aufgrund von Vorurteilen und negativen Zuschreibungen, mit denen Menschengruppen belegt werden. Hass ist eine persistente böswillige Stimmungslage.
   a. Verwandte Merkmale: destruktive Motivation und Schädigungsabsicht. Man will zerstören (Objekte) und verletzten (Personen).
   b. Feinseligkeit führt nicht unbedingt zu einer konkreten Handlung. Aber Hass beinhaltet den zerstörerischen Handlungsimpuls, der früher oder später umgesetzt wird.
2. Eigene Gruppe = Ingroup; Fremdgruppe = Outgroup.
3. Die Rache wird als eine Emotion dargestellt, die beim Gefühl von Unfairness entsteht und einer persönlichen Entlastung dient (Miller, 2001). Die Hauptmotive sind: Herstellung der Gerechtigkeit und des Selbstwertgefühls.

4. Die Entwicklungspsychologie führt „Hass" auf die frühkindliche Frustration zurück, die meistens dann auftritt, wenn das Kind nicht genug Zuwendung und Beachtung erfährt. So gesehen kann Hass ein Ausdruck der Verlustangst sein.

5. Zu den Merkmalen gehören: symbolische und instrumentelle Funktion, Gruppencharakter der Hasskriminalität, negative Konsequenzen sowohl für betroffene Individuen als auch für soziale Beziehungen.

6. „Vulnerabilität" bedeutet die Exposition gegenüber einer Gefahr, drohender Verlust der Kontrolle über die eigene Situation und Mangel an Fähigkeiten, sich gegen die Gefährdung zu wehren. Allerdings gibt es keine eindeutige Definition. So wird mit dem Begriff eine gewisse Schwäche signalisiert und die Tatsache, dass die Person oder Personengruppe einem Stigma, den Vorurteilen und vielfältigen Benachteiligungen ausgesetzt ist.

7. „Hybrid Hate Speech" richtet sich nicht lediglich gegen eine (demografische) Kategorie (Chetty & Alathur, 2018). Diese hybride Hassrede adressiert gleich mehrere Gruppen und Identitäten.

8. Ein Hassverbrechen soll mehr erreichen, als nur eine Person (mehrere Personen) zu schädigen. Es sendet eine Nachricht, mit der die Opfer öffentlich als minderwertig gebrandmarkt werden.

Zusammenfassung und Fazit

Dieses Kapitel behandelt „Hass" – ein absolut destruktives Phänomen im menschlichen Zusammenleben (Levin & Nolan, 2015). Die Sozialpsychologie begann erst vor gar nicht so langer Zeit sich mit diesem Phänomen intensiver auseinanderzusetzen, wohl als Reaktion auf das epidemische Ansteigen von Hassäußerungen und Hasstaten in den USA und in Europa. Vor wenigen Jahrzehnten studierten die Psychoanalyse, klinische Psychologie und Entwicklungspsychologie diesen Gegenstand und seine Ursachen. In sozialpsychologischen Untersuchungen wird die Komplexität dieses Phänomens aufgedeckt. Es stellt sich heraus, dass Hass keine Standardemotion ist. Das zeigen wir am Vergleich mit scheinbar identischen oder verwandten Begrifflichkeiten, z. B. Ärger, Feindseligkeit, Aggression und Rache.

Die sozialpsychologische Intergruppen- und Minoritätenforschung (Tajfel, 1981) liefert die Grundlagen für das Verständnis der Mechanismen, die zur Abwertung und Bedrohung der anderen (in den Augen der Hassenden ‚andersartigen') Menschen führen, zumal wenn diese zu den Bevölkerungsgruppen gehören, die der Stigmatisierung und den Vorurteilen ausgesetzt sind. Gleichzeitig zeigen sozialpsychologische Arbeiten, dass die Hassenden und Gehassten (Opfer) nicht getrennt untersucht werden sollen.

Wird Hass auf der interindividuellen Ebene betrachtet, so zeigt sich in der Regel, dass ihm eine langfristige, oft intime Beziehung zwischen der hassenden und gehassten Person vorausgeht. Auf der Intergruppenebene wird Hass jedoch als ein kollektives Phänomen betrachtet. Die Gruppe der Hassenden – häufig handelt es sich nur um ein virtuelles Netzwerk – hasst und verfolgt die Gehassten – zumeist Juden und andere ethnische, religiöse und weitere Minderheiten – ohne sie zu kennen und mit ihnen direkt zu interagieren. Die Ablehnung der gehassten Gruppen

4

(Juden, Schwarze, Moslems etc.) ist immer mit der Intention verbunden, zu schädigen, zu zerstören und zu eliminieren. Ein Instrument und zugleich die treibende Kraft des Hasses ist die Hassrede (Hate Speech). Sie ist die gruppenbezogene Herabwürdigung, die zwischen den Hassenden geteilt und oft von Generation zu Generation übertragen wird. Nicht selten ist die Hassrede die Vorstufe der hassinduzierten Gewalt und der Hasskriminalität (Hate Crime).

Literatur

Allport, G. W. (1954). *The nature of prejudice*. Addison-Wesley.

Arnold, M. B. (1960). *Emotions and personality* (Bd. I and II). Columbia University Press.

Aumer, K., Krebs Bahn, A. C., & Harris, S. (2015). Through the looking glass, darkly: Perceptions of hate in interpersonal relationships. *Journal of Relationships Research*. Advance online publication. ▶ https://doi.org/10.1017/jrr.2014.14.

Aumer, K., Bahn, A. C. K., Janicki, C., Guzman, N., Pierson, N., Strand, S.E., & Totlund, H. (2016). Can't let it go: Hate in interpersonal relationships. *Journal of Relationships Research, 7*(2). ▶ https://doi.org/10.1017/jrr.2016.2.

Aumer-Ryan, K., & Hatfield, E. (2007). The design of everyday hate: A qualitative and quantitative analysis. *Interpersona, 1*(2), 143–172.

Baker, C. E. (2008). *Hate speech. Faculty scholarship at Penn Law*. 198. Open access. ▶ https://scholarship.law.upenn.edu/faculty_scholarship/198.

Balint, M. (1952). On love and hate. *International Journal of Psycho-Analysis, 33,* 355–362.

Bandura, A. (2002). Selective moral disengagement in the exercise of moral agency. *Journal of Moral Education, 31,* 101–119. ▶ https://doi.org/10.1080/0305724022014322

Bannenberg, B., Bauer, P., & Kirste, A. (2014). (2014): Erscheinungsformen und Ursachen von Amoktaten aus kriminologischer, forensisch-psychiatrischer und forensisch-psychologischer Sicht. *Forens Psychiatr Psychol Kriminol, 8,* 229–236. ▶ https://doi.org/10.1007/s11757-014-0289-9

Bar-Tal, D. (2007). Sociopsychological foundations of intractable conflicts. *American Behavioral Scientist, 50*(11), 1430–1453.

Blum, H. (1995). Sanctified aggression, hate, and superego alteration. In S. Akhtar, S. Kramer, & H. Parens (Hrsg.), *The Birth of Hatred* (S. 15–37). Aronson.

Chakrabortti, N., & Garland, J. (2012). Reconzeptualizing hate crime victimization through the lens of vulnerability and difference. *Theoretical Criminology, 16*(4), 499–514.

Chetty, N., & Alathur, S. (2018). Hate speech review in the context of online social networks. *Aggression and Violent Behavior, 40,* 108–118. ▶ https://doi.org/10.1016/j.avb.2018.05.003

Cops, D., & Pleysier, S. (2011). „Doing Gender" in fear of crime: The impact of gender identity on reported levels of fear of crime in adolescents and young adults. *British Journal of Criminology, 54*(6), 58. ▶ https://doi.org/10.1093/bjc/azq065

Craig, K. M. (2002). Examining hate-motivated aggression. A review of the social psychological literature on hate crimes as a distinct form of aggression. *Aggression and Violent Behavior, 7,* 85–101.

Decker, O., & Brähler, E. (Hrsg.). (2018). *Flucht ins Autoritäre. Rechtsextreme Dynamiken in der Mitte der Gesellschaft. Die Leipziger Autoritarismus-Studie*. Psychosozial-Verlag.

De Leersnyder, J., Boiger, M. & Mesquita, B. (2015): Cultural differences in emotions. In R. Scott, M. C. Buchmann & S. Kosslyn (Hrsg.), *Emerging trends in the social and behavioral sciences: An interdisciplinary, searchable, and linkable resource* (e-book). Wiley.

Europarat Ministerkomitee. (1997). *Empfehlung Nr. R(97) 20 an die Mitgliedstaaten über die „Hassrede", angenommen vom Ministerkomitee am 30. Oktober 1997, anlässlich der 607. Sitzung der Ministerdelegierten*. ▶ http://www.egmr.org/minkom/ch/rec1997-20.pdf

Festinger, L., Pepitone, A., & Newcomb, T. (1952). Some Consequences of De-Individuation in a Group. *Journal of Abnormal and Social Psychology, 47,* 382–389. ▶ https://doi.org/10.1037/h0057906.

Fischer, A., Halperin, E., Canetti, D., & Jasini, A. (2018). Why we hate? *Emotion review, 10*(4), 309–320. ► https://doi.org/10.1177/1754073917751229,journals.sagepub.com/home/er

Fox, J. A, & Levin, J. (2012). *Extreme killing. Understanding serial and mass murder* (2. Aufl.). Sage, Thousand Oaks.

Freud, S. (1990). The interpretation of dreams. *Standard Edition* 4/5.

Fromm, E. (1936). *Studien über Autorität und Familie. Forschungsberichte aus dem Institut für Sozialforschung.* Alcan.

Halperin, E. (2008). Group-based hatred in intractable conflict in Israel. *Journal of Conflict Resolution, 52*(5), 713–736.

Halperin, E. (2011). Emotional barriers to peace: Emotions and public opinion of Jewish Israelis about the peace process in the Middle East. *Peace and Conflict: Journal of Peace Psychology, 17*(1), 22–45.

Heitmeyer, W. (2005). Gruppenbezogene Menschenfeindlichkeit. In W. Heitmeyer (Hrsg.), *Deutsche Zustände. Folge 3* (S. 13–34). Suhrkamp.

Iganski, P. (2001). Hate crimes hurt more. *American Behavioral Scientist, 45,* 697–713.

Kernberg, O. (1993). The psychopathology of hatred. In R. Glick & S. Roose (Hrsg.), *Rage, Power, and Aggression* (S. 61–79). Yale University Press.

Kteily, N., Bruneau, E., Waytz, A., & Cotterill, S. (2015). The ascent of man: Theoretical and empirical evidence for blatant dehumanization. *Journal of Personality and Social Psychology, 109,* 901–931. ► https://doi.org/10.1037/pspp0000048

Levin, B., & Nolan, J. J. (2015). The evolving world of hate and extremism: An interdisciplinary perspective—Part 1. *American Behavioral Scientist, 59*(12), 1643–1645.

Miller, D. T. (2001). Disrespect and the experience of injustice. *Annual Review of Psychology, 52,* 527–553. ► https://doi.org/10.1146/annurev.psych.52.1.527

Misztal, B. (2011). *The Challenges of Vulnerability. In Search of Strategies for a Less Vulnerable Social Life.* Palgrave Macmillan.

Nation, M. (2008). Concentrated disadvantage in urban neighborhoods: Psychopolitical validity as a framework for developing psychology related solutions. *Journal of Community Psychology, 36,* 187–198. ► https://doi.org/10.1002/jcop.20230

Pettigrew, T. F., & Tropp, L. R. (2006). A meta-analytic test of intergroup contact theory. *Journal of Personality and Social Psychology, 90*(5), 751–783.

Rat der Europäischen Union. (2008). Rahmenbeschluss 2008/913/JI des Rates vom 28. November 2008 zur strafrechtlichen Bekämpfung bestimmter Formen und Ausdrucksweisen von Rassismus und Fremdenfeindlichkeit, Amtsblatt der EU L328/55 vom 6.12.2008.

Rimé, B. (2009). Emotion elicits the social sharing of emotion: Theory and empirical review. *Emotion Review, 1,* 60–85.

Ross, L. (1977). The intuitive psychologist and his shortcoming: Distortions in the attribution process. In L. Berkowitz (Hrsg.), *Advances in experimental social psychology* (S. 174–214). Academic.

Ross, B.; Rist, M.; Carbonell, G.; Cabrera, B.; Kuirowsky, N & Wojatzki, M. (2017). Measuring the reliability of hate speech annotations: The case of the European refugee crisis. University of Duisburg-Essen, Research Training Group *"User-Centred Social Media",* Department of Computer Science and Applied Cognitive Science. ► arXiv:1701.08118v1 [cs.CL].

Schmitt, J. B. (2017). Online-Hate Speech: Definition und Verbreitungsmotivationen aus psychologischer Perspektive. In K. Kaspar, L. Gräßer, & A. Riffi (Hrsg.), *Online Hate Speech: Perspektiven auf eine neue Form des Hasses* (S. 52–56). Schriftenreihe zur digitalen Gesellschaft NRW. kopaed verlags-gmbh.

Steffgen, G., & Pfetsch, J. (2007). Does anger treatment reduce aggressive behavior? In G. Steffgen & M. Gollwitzer (Hrsg.), *Emotions and aggressive behavior* (S. 94–114). Hogrefe & Huber Publishers.

Steffgen, G., Boer, C. de, & Vögele, C. (2014). *Ärgerbezogene Störungen.* Hogrefe: Fortschritte der Psychologie

Sugerman, D. B.; Nation, M.; Yuan, N. P.; Kuperminc, G. P.; Ayoub, L. H. & Hamby, S. (2018). Hate and violence: Addressing discrimination based on race, ethnicity, religion, sexual orientation, and gender I. *Psychology of Violence,* 2018, Vol. 8, No. 6, 649–656, 2152–0828/18/$12.00. ► http://dx.doi.org/10.1037/vio0000222.

Tajfel, H. (1981). *Human groups and social categories. Studies in social psychology.* Cambridge University Press.

Tajfel, H. & Turner, J.C. (1986) The social identity theory of intergroup behavior. In S. Worchel & W. G. Austin (Hrsg.), *Psychology of Intergroup Relation* (S. 7–24). Hall Publishers. ► http://web.mit.edu/curhan/www/docs/Articles/15341_Readings/Intergroup_Conflict/Tajfel_&_Turner_Psych_of_Intergroup_Relations_CH1_Social_Identity_Theory.pdf

Walters, M. A., & Hoyle, C. (2012). Exploring the everyday world of hate victimization through community mediation. *International Review of Victimology, 18*(1), 7–24.

Warner; W. & Hirschberg, J. (2012). Detecting hate speech on the world wide web. Report for the DFG, Grant '2167. *Proceedings of LSM, 2012,* 19–26. ACL.

Zimbardo, P. G., & Gerrig, R. J. (1999). *Psychologie.* Bearbeitet und herausgegeben von S. Hoppe-Graff und I. Engel (7. neu übersetzte und bearbeitete Auflage). Springer (Springer Lehrbuch).

4

Serviceteil

Stichwortverzeichnis

HOCHSCHULE
FRESENIUS
UNIVERSITY OF APPLIED SCIENCES

FLEXIBEL, DIGITAL, ZUKUNFTSORIENTIERT

Seit 1848 bietet die Hochschule Fresenius ihren Studierenden ein umfangreiches Angebot an praxisnahen Studiengängen und modernen Fachbereichen. Die Hochschule zeichnet sich nicht nur durch zeitgemäße Präsenzlehre aus, sondern auch als Mixed Mode University mit unterschiedlichen Formaten, die sich den zeitlichen Ansprüchen der Studierenden anpassen und dabei ortsunabhängig absolviert werden. Beruf und Studium werden auf diese Weise flexibel verbunden und durch staatlich anerkannte Abschlüsse abgerundet. Der digitale Campus ist das Herzstück des Studiums. Hier wird die Lehre unter anderem durch (Live-) Webinare, Videos und Infografiken vermittelt. Dabei kommt der Austausch mit Kommilitonen und Dozierenden selbstverständlich nicht zu kurz. Unterstützung gibt es zusätzlich durch moderne studymags, die die Inhalte anreichern und nahbar machen. Die studymags dienen als Grundlage für diese Lehrbuchreihe.

HS-FRESENIUS.DE/FERNSTUDIUM